U0939766

高效执行

乔庆光◎编著

中国纺织出版社

内 容 提 要

执行力是企业贯彻落实领导决策、及时有效地解决问题的关键，更是企业生存和发展的关键，正所谓“战略再好，也要有人执行”，具有高效率的执行力的员工能够在最短的时间做最多的事情，这种高效率的执行力，是企业谋求长久发展和突破诸多桎梏的基础和保障。

本书即是通过浅显易懂的方法为执行者出谋划策、指点迷津，以期在最短的时间里，用最少的资源，最快速地达到预期目标。不仅让自己事半功倍，赢得上上下下的好评，更能够从忙碌中解脱出来，享受到高效率的执行力带给自己的便利！

图书在版编目(CIP)数据

高效执行/乔庆光编著. —北京：中国纺织出版社，2013.3（2024.4重印）
ISBN 978-7-5064-9534-9

Ⅰ.①高… Ⅱ.①乔… Ⅲ.①企业管理—研究 Ⅳ.①F270

中国版本图书馆 CIP 数据核字(2012)第 318118 号

策划编辑：闫　星　　责任编辑：曲小月　　责任印制：储志伟

中国纺织出版社出版发行
地址：北京东直门南大街 6 号　邮政编码：100027
邮购电话：010—64168110　传真：010—64168231
http://www.c-textilep.com
E-mail:faxing@c-textilep.com
北京兰星球彩色印刷有限公司印刷　各地新华书店经销
2013 年 3 月第 1 版　2024年4月第2次印刷
开本：710×1000　1/16　印张：17.5
字数：220 千字　定价：78.00 元

序言

别让执行力打折扣

工作中,很多人经常抱怨工作难度大,无法完成。其实,没有做不好的工作,工作做不好源于没有找到好方法,只要开启自己的思路去寻找方法,再大的障碍也能克服。

所谓殊途同归,每项工作都有多种不同的解决方法,就像解数学题一样,你会选择怎样的方法呢?自然是最简捷的。因为,这样才能有更多的时间处理其他问题,保证高效且顺畅地完成整体工作。

同理,在工作面前,只有找到最佳方法,才能节约时间,避免造成不必要的浪费。所谓"磨刀不误砍柴工",说的就是这个道理。工作就是通过不同的手段,达到解决问题并实现目标的过程。在这个过程中,选择好的方法至关重要,只有在正确方法的指导下,才能在最短的时间内运用最少的资源达到目的,不仅能节省精力,更能在竞争中占尽先机,处于领先地位。

有很多人整日忙忙碌碌工作,却一点进展都没有,辛辛苦苦干了很多,但仍然业绩平平。这就是因为没有找到好的方法,所以做起事来也没有效率。为工作而忙碌值得嘉许,但一定要忙得有方法,忙得有目的,忙得有效益。在做好工作的同时,千万不能忽略了效率问题,若没有效率的"穷忙或瞎忙"只会给自己和领导甚至企业造成不良后果。

· 耗费了企业的大量资源,却只产生较低的效益;

· 浪费了自己的时间,却没有获得成长;

· 本来可以做好的事情，因为只知道蛮干和苦干，结果弄得一团糟，白白浪费了本来可以把握的机会。

思科是美国一家著名的互联网公司，位于世界500强企业中第24位。据调查，这家公司的每位员工一年可为企业带来的收益高达70多万美元，而与他们做同样工作的同行却只能给企业带来仅有20多万美元的收益。思科的员工每年要比同行创造的收入高出3倍还多。

调查资料表明：对于同一项工作，在思科只需一个人就可以完成，而在其他公司却需要3个，甚至更多的人才能完成。由此可见，思科的员工是高绩效的员工，所以它才能比其他同行企业获得更高的效益，更具有竞争力。

对于每位员工来说，做好执行既要有明确可行的目标，更要有切实可行的方法。岳飞与兀术在郾城展开决战时，岳飞巧妙运用“钩镰枪”方才大破兀术的“铁塔兵”与“拐子马”。如果没想到这个行之有效的方法，岳家军再勇猛也未必能大获全胜。这就是方法对执行结果的重要性。

当今社会，竞争日趋激烈，是什么原因让一些人比其他人更成功？什么因素起着决定性作用呢？正是执行时的工作效率。没有效率，就难有绩效。若要取得高绩效，高效率就是根本。只有高效率的执行力，才能为企业创造符合期望的收益，突破穷忙与瞎忙的桎梏。

拒绝虚耗，提升效率，这是一个具有高效执行精神的员工所必备的基本素质。效率是衡量一个人工作能力的首要标准。高效率的执行力能让我们在最短的时间内做最多的事情，助我们早日获得成功，创造出常人数倍的价值。西方人认为，上帝每制造一个困难，就会同时制造3种解决它的方法。也就是说，世上只要有困难，就会有解决的方法。所以，无论做什么事都应讲究方法，讲究效率。

本书的目标是指导员工如何高效执行，大到目标的行动策略，小到执行细节的研讨，为执行者出谋划策，指点迷津。其内容不是高深管理学的概念堆积，更不是经典或传统管理理论的集合，而是从工作与生活中思考汇总出来的浅显易懂方法，所以能与读者更容易地产生共鸣。掌握本书介绍的方法，就能驾轻就熟、以简驭繁，以最短的时间和最少的投入，更好地完成任务。

在阅读本书时，希望读者能灵活运用书中提示的方法，让自己从忙碌中解脱出来，以此达到事半功倍之效，帮助你在工作中圆满完成任务，赢得上上下下的好评，最终创造出卓越和高绩效！

编著者
2012 年 5 月

目录 CONTENTS

第1章

高效执行，需明确行动目标

英国有句谚语说得好："对于一艘没有方向的航船，任何方向的风都是逆风。"目标是执行的基础，没有目标，就不知从何处下手，更不可能高效率地执行。

高效执行必须围绕着目标展开——设定目标、评估目标、修订目标、实施目标及检测成果，所有步骤都必须以目标为灵魂。如果不知道自己的目标是什么，那你就不可能形成一个切实可行的执行计划，更不能合理并准确地确立主次任务来一一完成。

高效执行者有一个共性，那就是他们无论做什么事情，都会把目标看得很清楚，使自己的行动具有方向性和连续性。相反，有些人没有目标，今天做这件事，明天做那件事，最终只会事倍功半，甚至一事无成。

多问为什么，想清楚从何处着手再开始行动

目标是执行的方向，明确目标是实现高效执行的第一步。

在执行过程中，一旦确定的方向是错的，即使充满激情，采用最好的方法与技术，有较高的工作效率，都将徒劳无功。

在执行一项工作任务时，我们应尽量看清目标，开动脑筋多问为什么。如果在工作过程中，没有凡事都问"为什么"，只知其然，不知其所以然，看似是按照命令行事，得到的结果却可能南辕北辙。

日本丰田汽车公司的车间里经常会出现机器停机的现象，而造成停机的原因有些只是机器老化等小问题。有一次，一根保险丝断了，导致整个车间的机器都停止运转。

值班经理赶到车间，问正在更换保险丝的工人："机器为什么不停运了？"

"因为保险丝断了。"

"保险丝为什么会断？"

"因为超负荷，造成电流太大了。"

"为什么会超负荷？"

"因为轴承不够润滑。"

"为什么轴承不够润滑？"

"因为油泵吸不上来润滑油。"

"为什么油泵吸不上来润滑油？"

"因为油泵出现了严重磨损。"

"为什么油泵会出现严重磨损？"

"因为油泵没安装过滤器而混入了铁屑。"

在一连串的问答后，事故的真正原因找到了——只要在油泵上安装过滤器，就不会造成机器超负荷运转了，也就不会经常烧断保险丝，机器就能正常工作了。

有了故障，头痛医头，脚痛医脚不是解决问题的正确方法。常言道："治病重在治本。"对于大多数工作来说也是如此，对工作从来不问"为什么"，从不思考工作的目的是什么，不会变通地做事，就会曲解做事的本意，反而越做越错，越做越没效率。

动物园里，有一天来了一只新袋鼠。动物园的管理员便将它关在一个5米高的围栏里。

可是，管理员第二天上班时，却发现袋鼠已经从围栏中逃出来了。管理员就嘀咕起来："看来，袋鼠能跳出5米高的围栏，那把围栏增高到8米吧！"于是，围栏增高到了8米。

可是第三天早上，管理员发现袋鼠又悠闲地在围栏外面闲逛。"看来围栏还是不够高。"管理员心想。于是，又将围栏增高到了10米。

10米高的围栏在动物园里显得有些突兀，可这仍然没能挡住出逃的袋鼠，当管理员第三次发现袋鼠逃出围栏，于是决定一不做二不休，将围栏增高到15米！

正在搭建围栏时，一只长颈鹿凑过来与袋鼠闲聊。长颈鹿问袋鼠："你说，他们会不会继续加高你的围栏？"

"这很难说。"袋鼠回答。"如果他们总是忘记关门的话，也许20米，也许30米……就是100米也说不定！"

遇到问题时，有些人会像动物园的管理员一样，未经必要的检查，不对出现的问题问"为什么"，就武断地得出结论。这样做的结果可想而知。

有一家生产薯片的公司，产品在国内卖得很好，但出口到俄罗斯后严重滞销。厂方开始认为是产品的口味问题，于是针对当地人的口味喜好进行了研发，但是，销量仍然不理想，于是又分别打出新包装与降价牌，可销量还是不见增长。

几经周折之后，这家公司终于发现，问题原来出在产品的名称上——

出口时他们将产品名称由汉字变成了拼音，而这个发音在俄语中却是“粪便”的意思。

我们总是在强调怎样超越自己，超越对手，比别人跑得快，比别人做得好。其实，其中的奥秘就是多问“为什么”。也就是说，在工作时要比别人想得更周详且更细致，比别人做得更理性。如果做事从不问“为什么”，只从表面现象理解并解决问题，这样不仅找不到问题的根源所在，而且往往是无用功，问题始终得不到解决。

对于执行者来说，高效率地工作不是一句空话，而是在工作中不断调整和完善的结果。高效执行者的工作习惯是“先设计，后施工”，想清楚了从何处着手，再开始行动。这种多问“为什么”的思考方式，就是要弄清问题的来龙去脉，找出问题的真相，将问题逐步深入化且具体化，答案自然就会浮现出水面。

执行任务时，一定要对工作中遇到的问题多问“为什么”，反复考虑这样处理会出现什么问题，然后从实际出发逐一解决，这样可以防止朝错误的方向前进，将精力集中在目标上。

所谓：“良好的开端是成功的一半。”一件事情在开始前先想清楚从何处着手，然后再通过各种方法让目标变成现实，这就是高效完成任务的前提。

思考

在进行一项工作之前，你是否弄清楚了工作的目的是什么，它的意义是什么？

做完工作之后，你考虑过究竟为什么要这样做吗？有什么收获？有什么经验教训？有没有考虑过进一步的改良方法？想过怎样改进吗？

面对问题时，你是主动去思考，还是直接将问题推给领导？

工作时别停止思考，凡事要“走一步，看两步，想三步”

对工作有热情很重要，但光凭热情一个劲地向前冲，也会遇到很多难以解决的问题，甚至还会引发不应出现的问题。这时候该怎么办呢？当然是三思而后行。

上学时，老师教过我们一些考试技巧，其中重要的一条就是拿到考卷后不要马上就开始做，而要花两分钟先把试卷快速地浏览一遍，对题目的数量、类型、分布及分值等做到心中有数，然后在脑子里迅速做出一个大致的规划。

为什么要对试卷做出规划呢？

因为这样才能清楚自己在做题时应该先做什么、后做什么，从什么地方下手会比较顺利，在什么样的题目上花多少时间，碰到阻碍该如何应对。

相反，如果你拿起卷子就做，有可能因为精力和时间分配不当，从而限制了水平的发挥，甚至还有可能因为一开始遇到了困难而打击了自信心，搅乱了答题思路，导致后面的题目很难顺利进行下去。

这种考试技巧，用在执行上也同样有用。工作中，有些人做事总是不假思索，拿起来就做，结果却是费了不少力气，走了不少弯路，甚至做着做着还会出现进行不下去的情形，最后只好推倒重来。

李嘉诚被大家奉为“商业超人”，说他是香港商业发展史上的奇迹，做什么赚什么，别人亏本的时候他也能赚钱。但有一个不争的事实就是，他同大家一样都是人，出身很平凡，不同的是他比别人更喜欢动脑筋，而且善于动脑筋。

当他还是一个小业务员时，李嘉诚做事的方法就不仅是勤跑腿或勤

打电话,他还在客户的资料搜集和分析上多下工夫,从而使自己能有的放矢地进行拜访,往往能取得事半功倍的效果。

由于他对客户有更多的了解,因此很多客户把他当成一个知己,而不仅仅是商业伙伴。就拿收货款来说,别人常常是败兴而归,甚至和客户发生争执,而他却能手到擒来。这归功于他在收账前进行的缜密思考。

什么时候去?

在什么场合谈?

对方的难处在哪里?

以对方的性格和为人会接受什么样的方式?

去之前能否先做点什么,使对方不会那么抗拒(如先帮对方一个忙)?

去了之后怎么说?

软,什么时候硬?

对方会怎么想?

碰到推脱和拒绝时怎么办?

万一这次失败了,怎么为下次再去收款留下余地?

……

李嘉诚在工作之外下的这些工夫,使他在工作中脱颖而出,被升为部门经理,后来又因为工作出色,被公司委任为总经理。

优秀者与普通人之间的差距,并非如大多数人想象的那样,隔着一道巨大的鸿沟,关键在于前者更懂得思考,他们会在工作上多费一点心思,多做一些研究,所以他们就多一些机会和成就。

而很多人之所以工作效率低,失误多,晋职慢,根本原因就在于,遇到事情从来不多想几步。大脑是用来思考的,无论做什么事情都懒得动脑筋,不会多想几步,只知道“做一”,不懂得“想二”,不给自己一点发挥的余地,这怎么能把事情做好呢?在做事之前,多思考几步,先走哪一步,后走哪一步,这是至关重要的。否则,不会思考、害怕思考,只会让工作陷入混乱的困境,给执行带来巨大的阻碍。

有位金融学家说得好:“勤于思考是财富的源泉。”同样,勤于思考也是有效提升执行力的动力和源泉。试想,一个不会思考的员工连自己的本职工作都难以做好,他又怎能具有高效的执行力呢?所以,要做好一份工作,进行比较深刻且周密的思考是我们走向成功的必备条件,更是必不可少的高效执行方法。

正所谓:“磨刀不误砍柴工。”增强工作的预见性,走一步,看两步,想三步,提高决策的效率和准确性,减少决策过程的失误,这样才能提高做事的效率。

思考

工作比较忙乱时,你有停止手中工作,思考一分钟的习惯吗?

你是否为实现执行的目标制订了切实可行的计划?如果是,在执行的过程中遇到过怎样的困难?你成功克服这些困难了吗?如果没有,为什么?

在工作时,你有预先制订方案和计划的习惯吗?你认为工作方案和计划对执行有什么作用?你有这方面的体会吗?你认为这样的习惯有必要吗?

不仅要将计划写在纸上,更要将落实在行动中

人常说:“三分战略,七分执行。”其实,说得好,不如做得好。对于任务的执行,关键就看我们在工作中是怎么落实的。

在孩提时代,我们都读过寒号鸟的故事。

冬天来了,寒号鸟感觉到寒冷,于是它有了造窝的念头。清晨时,它面对寒风不停地号叫:“咕噜噜,咕噜噜,寒风冻死我!寒风冻死我!明天就打窝!明天就打窝!”而当太阳出来时,它又觉得可以熬过去。于是,每天清晨它都在哀鸣中度过,而阳光总是带给它懒惰的借口。

就这样一天天过去了。终于,白雪纷飞,而寒号鸟的窝却始终没有造好。最终,这只可怜的鸟被冻死在寒风里。

这个故事中,寒号鸟虽然有筑巢的美好计划,却始终没有落到实际的行动上。工作中,我们也要懂得“凡事预则立,不预则废”的道理。

周详的计划固然重要,但落实在行动中更是重中之重,即使计划得再完美,如果执行起来“三分钟热度”,事情刚有了点眉目便又搁浅,就会造成看似忙忙碌碌,却总是忙不出效率,而且总觉得时间不够用等问题。

有些人当上司询问任务的完成情况时,他们感觉到压力了,于是对工作做了一整套完善的行动计划,上司听后也非常满意。他们看着上司认可的神情,心里很是得意。可是,上司一离开,他们便忘了还有任务要做,计划也早已抛到九宵云外,直到在最后的催促下,任务还是完成得不尽如人意。

俗话说:“心动不如行动。”制定目标就是为了达到目标,所以目标制定好之后,就要付诸行动去实现它,完成它。就好比一个人想吃饭,却没有去煮饭,只是坐在那里想象要煮饭,那饭又怎么会自己出现呢?自然这样的人也就吃不到饭了。

比如,有一个人制订了去国外旅游的计划,花了几个月时间阅读各种旅游手册,制订了详细的日程表,标出了要去观光的每个地点,连每小时去哪里都定好了。可以说,这是一次完美的计划。可是,到了最后,他却因为恐高,不乘飞机,而取消了这次旅行。所花的心思,全都没有意义。

可以实现的事情,想了就要去做,只想不做,一大堆目标也只不过是目标。有计划就要落实在行动上,这不仅是工作中不可或缺的一环,也是至关重要的一环。虽然有时行动也不一定就会成功,但不行动则一定是失败。

东北有一家国有企业清盘了,之后被日本某财团收购。于是,厂里的人都翘首盼望着日方能带来让人耳目一新的管理办法。出人意料的是,日本人来了,什么都没有变,制度没变,人没变,机器设备没变。日方就一个要求:把之前制定的制度坚定不移地落实下去。结果怎么样?不到一年,企业就扭亏为盈。

日本人的绝招是什么,就是落实,把制度全部落实到位。无论是任务还是工作计划,最关键的就在于落实。落实,就是把嘴上说的和纸上写的变成具体的行动。落实不到位,工作任务就不能按时完成;落实不到位,客户就会对企业失去信心。

无论“知”也好,“行”也好,都要踏踏实实地去做,而不是只满足于空想,对目标只限于夸夸其谈。要知道,一万个空洞的幻想,远不如一个实际的行动来得重要。然而,有很多人总是憧憬工作带来的成果,却从来不去抓住机会,即使他的计划再完美,换来的也只是机遇的消逝!

要提高工作效率,就要做到不但把计划写在纸上,更要将计划落实在行动上。无产阶级革命者马克思曾经说过:“一步行动要比一打纲领更重要。”毛主席也说过:“如果有了正确的理论,只是把它空谈一阵,束之高阁,并不实行,那这种理论再好也是没有意义的。”

正所谓:“好的思想靠行动,好的概念靠运作,好的制度靠实施。”再完美的计划,如果不用行动落实,也只能是一种形式、一张废纸,更不会有任何效率可言。所以,有了计划,就要落实在行动中,这就是完成一切工作和任务的关键。

要想高效地完成工作,就要凡事当机立断,立即落实于行动。正如马云所说:“比起一个一流的创意、三流的执行,我宁可喜欢一个一流的执行、三流的创意。”

思考

在工作中,你是否遇到过无法解决的问题?你是否曾怀疑自己的能力受到了挑战?你是如何做的,勇敢地面对并解决,还是放弃?

你会制订个人计划并安排好每天的工作吗?你是不是总是爱制订各种计划,却从不付诸行动,说些“我该做某某了,从下周一开始”之类的话?

直接对准目标,努力争取什么就会收获什么

比尔·盖茨说:“如果你想同时坐两把椅子,就会掉到两把椅子之间的地上。”

对很多人来说,缺乏效率不是因为他们不想高效率地工作,而是他们常常想在短时间内做更多的工作,结果却是欲速则不达。正所谓:“追两兔而一兔不可得。”

制定目标时,一定要有重点,一个人不可能同时将精力平摊在所有事上。如果做事的目标太多,或者想要实现的目标太多,必然无法集中精神,从而导致精力涣散。就像作家爱默森所说:“生活中有一件明智的事,就是精神集中;有一件坏事,就是精力涣散。”

孩提时代时听过一个关于猴子的故事,今天再拿来思考,我们还是能从中发现许多新的道理。

一天猴子出去寻找食物,它先在玉米地里看到了玉米,掰了两个玉米;然后又在瓜地里发现了南瓜,于是它丢掉玉米,去搬南瓜。搬着南瓜回家途中,又发现了一只兔子,于是扔掉了南瓜,开始追赶兔子。兔子灵活而敏捷,猴子始终追不上。最终,猴子只好一无所获地回家了。

在现实生活中,像猴子一样见一个目标追求一个目标的人有很多,这样的人总是在寻找机会,却从来不能认认真真地做好一件事。

著名的成功学大师奥里森·马登进行过一项调研:他要求参与调研的人写下自己的目标,不限个数,但是要相信自己的这些目标都能完成。若干年后,他再次对这些人进行回访,发现那些只写下少量目标的人,大部分目标达成了;那些写下多个目标的人,基本上已经放弃了大多数的目标,剩下的有限目标他们完成的也大打折扣。

是什么造成了这种差异?正是对目标的专注度。目标太多,反而会使人陷入空想，最终导致不能专注地做事，不能把精力集中到某一个需要实现的具体目标上，这种行为就是造成工作失败最严重的因素之一。而那些目标少的人，则能将所有的精力都集中于一处，反而更容易达到目标。

没有目标，就不会成功，更不会有效率。同样，目标太多，也会使人无法取得成功。所谓专注，就是集中精力、全神贯注且专心致志。将所有精力都集于一处，就如同激光的原理，当一堆光子正常而散漫地撒在一片钢板上，只会照亮它；但是当这光子全部整齐排列，专注在同一个方向时，就变成了“激光”，可以轻易地割开钢片。这就是“专注”的力量！

年轻的推销员小王正为他低迷的业绩愁眉不展。他的经理走了过来，说：“小王，你先别急，我替你介绍个客户吧。”经理指着窗外对面的大楼说：“看到那栋楼了吧？那里的801室负责人张先生，跟我们老板很熟，你去谈谈，他一定会买我们的东西。只是他年纪大了，很固执，爱抱怨，会不停地唠叨，甚至骂你，但别放弃，他最后还是会买。”

小王听了很高兴，马上出门去推销了。到了下午下班的时候，小王兴冲冲跑进了经理办公室，兴奋无比地大叫着：“经理，张董真的买了，而且是笔大订单。被他骂了一天，可是毕竟买了。”经理问他怎么做到的，小王说：“很简单啊，你不是说他一定会骂吗？所以不管他说什么，我总是回答：‘张董，你只是嘴巴抱怨，但是你一定会买我们公司这么好的产品。’”

经理听了，哈哈大笑：“小王，你知道吗？多年来那位张董从来不理会我们的推销员，而你却做到了，这在于你的坚持和专注。而其他推销员往往抵不住他的抱怨，被抱怨分散了精力，所以他们失败了。”

从这个案例可以看见，其他的推销员之所以没有做到，关键就在于其他的推销员忘记了经理对他们提醒的“专注”，而小王牢牢记住了经理的话，就是直接对准目标——“你一定会买我们公司这么好的产品”，所以小王成功了。

对于很多低效率的人来说，他们真的是忙得一塌糊涂吗？不是！

般来说，是他们自己先一塌糊涂了，之后才开始变得越来越忙。忙本没有错，但瞎忙乱忙就是错，忙晕了头就是最大的错，因为忙错了方向，不但做事低效率，还有可能铸成大错。

无论做什么事情，我们都必须学会专注于当前的工作。如果工作中缺乏专心和专注的态度，势必导致纰漏百出，给人留下马虎、不谨慎、不负责的负面印象，进而影响工作效率，甚至还会使自己经常半途而废，导致一生碌碌无为。

要想工作不走样，首先就要头脑不走神。你注意争取什么，你就要专注于什么，这样你才能得到想要的。正如古训所说："欲多则心散，心散则志衰，志衰则思不达。"要想做成一件事，就必须排除那些无谓的干扰，专注于自己要实现的目标。

所以，要提高工作效率，专心做好一件事，就必须远离分散注意力的事物，集中精力选准主攻目标，这样就能取得成功，达到高效工作的目的。

思考

你是否曾专注于某件事？你是一次只专注于一个目标，还是多个目标？取得的成绩如何？

如果你曾在某段时间里专注于一个目标，你最多能坚持多长时间？放弃的真正原因是什么？是客观原因，还是主观原因？

在专注的过程中，你遇到了什么难以克服的困难？你是勇敢地面对和克服困难，还是像个懦夫一样逃之夭夭？你是否曾扪心自问，深刻剖析自己这种做法的根源之所在？

将大目标分解成小目标，一步步实现更容易

你一定听过这个古老的问题："你怎样吃掉一只大象？"正确的答案就是："一口一口地吃。"其实，这个问题的答案也是我们做工作的方法。

在工作中，每个人都想做些惊天动地的大事。可是，一口吃不成一个胖子。所以，虽然人们常说"成功是靠努力取得的，努力就是取得成就的必要条件"，但工作中只懂得努力还不行，还要讲究方法、讲究效率、讲究步骤。

1968年的某天，罗伯·舒乐博士立志要在美国加州用玻璃建造一座水晶大教堂。他向著名的建筑设计师菲利普表达了自己的构思："我要的不是一座普通的教堂，而是一座人间的伊甸园。"

设计师菲利普问舒乐预算多少，舒乐博士坚定地对他说："事实上，现在我一毛钱都没有，所以对我来说100万美元和400万美元并没有区别。重要的是，这座教堂本身要具有足够的吸引力，吸引捐助者的到来。"

最终敲定建造教堂需要的预算是700万美元。这个数字不但超出了舒乐博士的承受能力，甚至超出了他的想象范围，其他人都对舒乐博士说："这是个不可能实现的愿望!"但舒乐博士却想出了一个分解目标的方法。他在一张纸上写着"700万美元"，然后在这个目标下面写道：

1. 找1笔700万美元的捐款；

2. 找7笔100万美元的捐款；

3. 找14笔50万美元的捐款；

……

9. 找700笔1万美元的捐款；

10. 卖出教堂1万扇窗户的署名权，每扇700美元。

在这神奇的目标分解法的作用下，舒乐博士历时一年多就筹集到了足够的款项。据说，水晶大教堂最后耗资2000万美元，但是在舒乐博士将这宏伟的目标分解之后，却奇迹般地募集到了足够的资金，让这座大教堂成为了加州的胜景。

刚开始，要把大教堂建成"人间的伊甸园"，这个目标不能不说令人望而生畏，所以在很多人看来这是一个无论如何都无法完成的目标。但是，经过舒乐博士将目标分解之后，这个大目标就成为了一个又一个较容

易实现的小目标——只要捐款700美元,就可以拥有教堂窗户的署名权。这样一来,问题就容易解决了。

在执行任务的过程中,我们会接到一些比较重大的任务,这时我们所要做的第一步工作,就是把这项艰难的任务分解成一步一步的具体活动。然后,从第一项活动开始,就可以循序渐进地把全部工作做完了。

成功学大师史蒂芬·柯维在他的著作《要事为先》中就提出过一个关于执行重大任务的"香肠原理"——吃掉一根超级长的香肠,最好的办法就是把它切成一片一片。这与"吃大象"的问题如出一辙,其道理都是在面对一些实现起来较为复杂而且艰巨,不可能一蹴而就的大目标时,最好的办法就是步步为营,一部分一部分地完成。

日本著名马拉松运动员山田本一,在1984年和1987年的国际马拉松比赛中两度夺得世界冠军,他之所以能够取得如此优异的成绩,关键在于掌握了一套比赛策略。他在自传中是这样写的:

"每次比赛之前,我都要乘车将比赛的路线仔细地勘察一遍,并把沿途比较醒目的标志画下来。比如第一个标志是一家银行,第二个标志是一棵大树,第三个标志是一座公寓……这样一直到赛程的终点。

"比赛开始后,我会以百米冲刺的劲头向第一个目标冲去;到达第一个目标后,又以同样的速度向第二个目标冲去……40多公里的路程就这样被我分解成若干个小目标而轻松地跑完。

"但是,起初我并不是这样做的,我也是和其他人一样把目标一下子定在终点线的那面旗帜上。结果,当我跑到十几公里时就已经觉得疲惫不堪了,因为我被前面那段遥远的路程吓倒了。

所以,直到后来我发现了这一策略,才最终达到了人生的辉煌时刻!"

山田本一的故事告诉我们:不仅要有明确的目标,而且要懂得把长远的目标分解成阶段性的目标。这就使人在奋进过程中能够始终看到希望,不至于因为距离目标太遥远、看不到成功的希望而变得心灵疲惫,甚至放弃。

执行力差的根源是什么？为什么不能按质按量地完成任务？这除了与自身的执行能力有关之外，与执行的方法也有很大关系。在工作中我们做事之所以会半途而废，往往不是因为难度太大，大多时候恰恰是因为距离目标太遥远。所以，那些有头脑的人就懂得把大目标进行分解，他们所具有的就是与山田本一一样的智慧——把大目标分解成小目标。因此，他们能更容易地实现自己的目标。

面对大目标大任务，过于求胜心切只能事倍功半，就像蚍蜉撼大树，费尽了全部的力量，大树依然会纹丝不动。所以，无论通往目标的道路有多么遥远，人都要一段一段地去走，这样一路观赏着绮丽的风景，就能化沉重为轻松，化无解为有解，化低效为高效。

所以，当你面对看似艰难的任务，不必过分的担心和害怕，你所要做的就是专注眼前的每一步，循序渐进地一点一点地完成这项任务，这样你就能更有效率地完成工作了。

思考

当你接到工作任务时，有没有仔细地分析整个工作的流程，然后根据要求按照时间制订计划？在执行工作计划的过程中，你遇到了哪些困难？你是怎样克服的？

遇到问题时，你是一个非常急躁的人吗？你是否曾经尝试用分解的方法去解决问题？你是怎样看待用分解的方法去获得成功的？

改“条件导向法”为“目标倒推法”

所谓“目标倒推法”，就是从目标出发，反向推演，步步链接——倒推资源配置，倒推时间分配，链接战略战术，链接方法手段。

做事情的时候，我们往往习惯于“条件导向法”，即从现有的条件出发，条件有多少，就做多少，也就是说，条件决定结果。而智慧型员工则善

于运用“目标倒推法”，从目标出发，反向推演，分析要达到目标，现有条件的瓶颈和制约在哪里，然后缺什么就想办法补什么。

关于“目标倒推法”，就有这样一个案例：

2001年9月，蒙牛集团在制订未来“五年计划”时，总裁牛根生将2006年的销售目标锁定为100亿元。结果，这个决定一出，大家都目瞪口呆，觉得这绝对是不可能的事。但牛根生却说：“我还是胆子小的，换了别的总裁，一定会把目标定为200亿。”

对此，牛根生做了这样的指导，要实现这一目标，就要解决以下这些问题：

——牧民的奶牛从哪来？

——企业的厂房从哪来？

——市场到哪里去开发？

……

之后，他们分析了现有的条件，并为实现目标做出了许多创造性工作：

——针对奶牛少的问题，蒙牛通过多种形式、多种渠道，增加奶牛数量。比如，对外购买，自繁选育、选留，推广人工授精及胚胎移植新技术等方法；

——针对厂房少的问题，蒙牛开始大批量地建造全球样板工厂，并建立国际示范牧场；

——针对市场开发问题，蒙牛不仅提出了“一杯牛奶强壮一个民族”的口号，还赞助了“超级女声”，使其为蒙牛造势；

……

结果，2006年蒙牛销售总额达到了162亿元，2007年1月至6月更是“半年突破100亿元”，成为中国乳业的总冠军。

对此，牛根生用一句很经典的话做了总结：“只修改手段，不修改目标。”这就是“目标倒推法”。

“目标倒推法”，就是不问自己现在有什么，只问自己要实现什么目标,想做什么。就像有一句话说的那样:“把梦想写在沙滩上,把目标刻在岩石上。”这句话的意思就是,在沙滩上写东西,容易写上去,也容易被水冲掉;在岩石上刻东西,难以刻上去,也难以被磨掉。

其实,在做任何事情的时候都应该这样,要实现某个目标,就必须从目标出发,并根据目标的要求规划出实现目标的路径,这样明了实现目标的条件,并在实际工作中努力去发现、借助和创造实现目标的条件,就能按照路径一步步推进,最终实现目标。

然而,与此形成鲜明对比的是,在工作中许多人做事情总是从现有的条件出发,往往是有什么条件就做什么事,一遇大的目标就开始找各种借口。比如:

——我能力还不够高,经验也不丰富,走一步算一步吧;

——不是我能力不够,是公司技术条件太差了,这样做不行,肯定完成不了任务;

——那么高的销售额肯定达不到,现在市场不景气;

——没给我配备足够的资源和条件,就是神仙也做不来……

这种做法就是典型的“条件导向法”。所以,经常以“条件导向”的员工,往往工作业绩和做事效率不高,在单位难以被重用。而如果能把“条件导向法”换成“目标倒推法”,结果可能就会完全不一样:

——这个月我一定要完成多少销售额;

——今年我一定会为单位创造多少业绩;

……

如果任务的执行者这样想,并下决心这样做,他必然会发挥出自己的最好水平,挖掘出自己所有的智慧将目标完成,并向更高的目标冲刺!

曾经有一个人想在五年后说一口较流利的英语,能看懂一般的英文文章或英语小说,能听懂一般的英语会话。为了达到这一目标,他进行了这样设计:

——第五年一定要记住3000左右的英语单词,能熟练背诵新概念英语二、三册,把家里的听力书、磁带都听一遍,甚至几遍。

——第四年一定要开始背诵新概念英语二、三册，并能听懂一般的英语对话，能听懂一般的英语广播。

——第三年一定要学完新概念英语第三册，并熟读，熟记所有课文。

——第二年一定要学完新概念英语第二册，并熟读，掌握英语单词1500左右。

——第一年一定要学完新概念英语第一册，并熟读，掌握一般的英语语法。

——第六个月，就应该已经结束新概念英语第一册的一半，并熟记学过的单词、课文、简单语法，能听懂学过的课文。

——第一个星期应该已记住100个左右的单词，那么第一天就应该开始选择用什么课本及复习资料。

就这样，他从五年前开始按倒推的计划执行，五年过去了，他真的学会了英语。

古人常说，人做事要“善假于物”，只会盯着脚尖就事论事只能算作一般智慧，能够“运筹千里，谋定而动”的人才具有高智慧。所以，要实现目标，就要多使用“目标倒推法”，勇敢地跨出第一步，就像所有的成功者一样，走近一步，再走近一步，再走近一步，最后就是成功。

要做好任务的执行工作，就要改“条件导向法”为“目标倒推法”，这样就能激发出自己无穷的智慧，并很好地完成工作，甚至还可以完成那些“不可能完成”的工作。

思考

从“条件导向法”和“目标倒推法”中你学习到了什么？当接到一项任务时，你是从现在的资源考虑，还是按照目标路径一步步推进？

你是如何理解“人有多大胆，地有多大产”这句话的？从“目标倒推法”的换位思考、换心思考、换向思考中你学习到了什么？

第2章

高效执行，懂得管理时间

有一句格言说得好："一寸光阴一寸金，寸金难买寸光阴。"时间就是金钱，效率就是生命。

用时间就好比用金钱，在"会用"者与"不会用"者的手中具有天壤之别。会用时间的人，懂得安排时间，按照事情的缓急来支取，到头来，不但完成了他要做的，而且能够留下多余的时间。不会用时间的人，则东摸摸、西磨磨，时间一分一秒地过去，浪费的比利用的多，犹豫的比决断的多，时间永远不够用，事情永远做不成。

时间管理是追求高效的必备条件之一。要成为任务执行中的"高效冠军"，就必须既是"效率高的时间管理高手"，又是"效能好的高效能员工"。唯有如此，才能在最短的时间内将工作做好，才能真正地永续前进，成为高绩效的执行者。

改变错误的时间观念，把握今天明天才会精彩

在世界上，中国人可谓最早认识到时间管理重要性的民族。古圣人孔子曾站在河边对着湍急的江水喟然长叹："逝者如斯夫，不舍昼夜！"当他见到自己的一个学生对时间管理不善，用白天的时间睡觉时，便给了那位学生全面的否定。

鲁迅先生曾说："时间，每人每天得到的都是24小时，可是一天的时间却给勤勉的人带来智慧与力量，给懒散的人只能留下一片悔恨。"英国著名博物学家托马斯·赫胥黎也说："时间最不偏私，给任何人的都是24小时；时间也最偏私，给任何人的都不是24小时。"

时间就是金钱，效率就是生命，是否会管理时间就是能否高效做事的一个标尺。在同样的时间里，有的人忙而无功，有的人效率却出奇地高，出现这两种截然不同现象的根源，就在于有的人懂得赢取时间的方法，知道如何科学地在有限的时间内更有效率地工作；而有的人则不懂得管理时间，无视时间的重要性。因此，懂得管理时间、珍惜时间的人成功了，而那些整天浑浑噩噩、得过且过的人，只好暗自羡慕上天对他人的眷顾。

有一位外国作家用一个故事来说明时间的要义：

上帝在每天一大早都会去拜访刚起床的人，然后很公平地交给每个人5000元使用；到了晚上临睡时，他又会出现，要每个人把剩余的钱还给他，有的人原封不动地交回了5000元，有的人剩下3000元交回，还有的人两手一摊，说："花光了，还不够用呢！"

这则故事的真正寓意就在于，他让每个人都来思考一下使用时间的差别，并由此引发省思。

在工作中，有些人总是说自己很忙碌，给他打电话左一句忙，右一句忙，忙来忙去也不知到底忙在何处。反过来，有些人看起来永远都是一副从容不迫的样子，难道他就不忙吗？其实，人都是一样的，都同样地在忙，只是后者更懂得时间管理的重要性而已。

要提高执行力，就必须强化时间观念和效率意识，弘扬“立即行动、马上就办”的工作理念，坚决克服工作懒散、办事拖拉的恶习。

明朝人文嘉有一首著名的《今日歌》，其内容就是：“今日复今日，今日何其少！今日又不为，此事何时了？人生百年几今日，今日不为真可惜！若言姑待明朝至，明朝又有明朝事。为君聊赋《今日诗》，努力请从今日始！”

现代著名学者朱自清也在他的名篇《匆匆》中写道：“洗手的时候，日子从水盆里过去；吃饭的时候，日子从饭碗里过去；默默时，便从凝然的双眼前过去。我觉察他去的匆匆了，伸出手遮挽时，他又从遮挽着的手边过去……”

的确，时间就是这样匆匆流逝的，抓住了就会像金子，抓不住就像流水。我们每天都有许多事情需要处理，而今天的事就是新鲜的，是与昨天的事不同的，而明天更会有明天的事。这就告诉我们：今天之事就应该在今天做完，千万不要拖延到明天！凡事都留待明天处理的态度就是拖延，而且拖延的习惯最能损害、减低人们做事的能力。这种恶习不但会阻碍我们的进步，更会加深我们的工作压力。

生物学者的研究结果表明，我们每个人的大脑都会释放一种叫做“内啡肽”的东西，每当我们完成了一项任务时，大脑就会释放出少量的内啡肽，你完成的任务越重要，你的大脑释放的内啡肽就越多。

对于我们每一个人来说，内啡肽确实是一种好东西，它能让我们感觉良好，能让我们觉得开心，能让我们体会到内心的平静。同时，它还能激发我们的创造力，提升我们的状态。可以说，内啡肽就是我们身体里的“天然的兴奋剂”，就像是我们的身体对胜利完成任务的一种奖励。

而且，这种“兴奋剂”是可以日积月累的，当我们完成的任务越多，这种良好的感觉也会相应地越来越多，从而使我们产生出持续且恒久的工作动力，这种积极的工作动力就会不断地推动我们从一个成功走向另一

个成功，并且效率会越来越高。

然而，让人遗憾的是，有些人虽然有能力办好事，但他们却不知道自己何时能办好。其实，这类人缺乏的就是对事物的敏感性、时效性的认识，缺乏对事物的准确分析和判断的能力。

对于一些人来说，当上级把一件工作布置好了，而且他接受了任务，知道这件事要办了，可就是不知道什么时间才能办好，不知道这项任务是急还是缓。于是，一件本来轻而易举就能完成的工作，便在他的无知无觉中被一次次地延迟拖缓，从而失去了时效性。

注重执行力的目的，就是为了在竞争激烈的商场环境中更快更好地将事情做好，以便获得竞争优势。所以，没有哪个不讲效率的人容易获得升迁，更没有哪个领导能长期容忍办事没有效率的人。

昨天是已被注销的支票，明天是尚未到期的汇票，只有今天才是随时可用的现金。所以，我们应善用今天，凡事都做到"今日事，今日毕"，这就是高效工作最直观的标尺。

思考

在执行任务时，你是一接到命令就立即行动、马上就办吗？

你对自己的表现满意吗？如果满意，你认为自己取得了什么成绩？如果不满意，请详细列举出你的不足之处和补救措施？

你今天的工作内容是什么？你是否能够及时完成当天的工作？

有紧迫感才有效率，不为惰性留下生存空间

时间就是效率，时间不等人，不管你是否准备好，它都会从你的生命中滑过，永远不再回来，也永远不可以被重复利用。

美国"时间管理之父"阿兰·拉金曾说："浪费时间就是浪费生命，而管理时间就是管理生命，发挥生命的最大价值。"一个人越懂得时间的价

值，就越能感受到失去时间的痛苦。如果想工作高效，就必须重视时间的价值。

在工作中我们常听一些人说：

“现在是午餐时间，请你两点以后再打电话来吧。”

“等以后有空了，我们一起……”

“现在我很忙，过几天我再……”

“那不是我的工作。”

“对不起，今天我很忙，反正我们以后有机会……”

“为什么非要今天，以后我们有的是机会，到时我们……不是也很好吗？”

还有一些人，不管桌子上堆积的各种文件有多高，别人不来催促便不会尽早去处理。有时，他们还很有理地说：“我们又不急于一时，以后有的是时间，到时我只要把它做好就是了。”

其实，把事情和工作总是往后推拖，就是在堆积工作。而等到别人来催促时，再开始着急地去处理那些未完成的事情，或者在有人等着取相应的文件时才开始一通忙乱，草草结束本该认真完成的工作，就是对工作极不负责的表现。

工作是流程性的事物，客户请求，领导部署、监督并指导、验收工作，下属执行，这是一个循序渐进的过程。在这一流程中每个阶段都是相辅相成、互为依存的，只要有一个地方出现问题，就有可能影响到整个工作流程的进展，就像血管中产生了血块，稍有疏忽就会失去性命。

2008 年美国的次贷危机，起初并没有引起各国政府的警觉，“美国老太和中国老太”的故事也是广为流传，即使是美国政府也依然沉溺于资产泡沫所带来的虚假繁荣之中，没有一点居安思危的意识，所以当金融危机真正来临了，只能眼睁睁地错失最佳应对时机，给世界经济增长带来了重创。

要克服办事拖沓、效率不高的毛病，从内心之中就要有一种时不我待的紧迫感。凡事立足一个“早”字，落实一个“快”字。否则就是，今天没

有紧迫感，明天便有失落感。

有一则小寓言是这样说的：在炎热的夏季，一只蚂蚁辛勤地在田里来来去去，为准备冬天的贮粮而忙碌，努力地收集着大麦和小麦。这时，有一只蜣螂看到了，便对蚂蚁说："你为什么要这样卖命工作呢？趁着现在天气好，一起来玩要不是很好吗？"蚂蚁什么也没说，仍旧继续它的工作。

到了冬天，雨水把蜣螂的食物——牛粪都冲走了，蜣螂只好饿着肚子来找蚂蚁，请求分给它一点食物。蚂蚁说道："蜣螂啊！在我努力工作的时候你嘲笑我，但是如果那时你也一起工作的话，现在就不至于因为缺乏食物而来求我了。"

为什么策略大致相同，但竞争力总是比不过人家？为什么有了很好的决策，却没能产生预期的绩效？执行任务拖沓，缺乏紧迫感，实施过程中敷衍了事，草率应付，凡事总是得过且过，这就是影响到企业生存与发展的最大"瓶颈"。

中国著名儒家学说代表人物孟子曾说："生于忧患，死于安乐。"没有危机意识，在做事上没有紧迫感，这是最要命的。

正所谓："寸金难买寸光阴。"时间是无价的，时间更是不可倒流的。金钱可以赚取，物资可以生产，唯独时间既不能赚取也不能生产，它租不到，借不到，更买不到。为了使自己心中始终有一种危机时刻会发生的紧迫感，在开始每一项任务之前就要先给自己规定一个最后的完成期限，这样就有了压力和约束，做事才会加快节奏，工作才会更有效率。

一些人在工作上没有只争朝夕的紧迫感，总是饱食终日、无所事事，遇到不得不立刻处理的事情，才不得不去着手解决；而紧急事件一旦被消灭掉，便无所事事地发呆、上网冲浪、找同事闲聊，总是把工作尽量往后拖延，甚至是一拖再拖，这就最容易延误事情。

每个人的时间都掌握在自己的手上，我们要高效地执行任务，就要和自己比赛，要有一种时不我待的紧迫感，始终走在时间的前面，尽可能地超出自己平常成绩，这样我们的工作才能更有效率。

可以说，紧迫感就是自己与自己赛跑，就是使人自动走上工作快行道的最强动力，就是使人快速行动起来的最简单和最有效的办法之一。

思考

当你正在做一项工作却接到某个爱长篇大论的人的问候电话时，你会怎么做？你是否常常扪心自问："我是否付出了全部的精力和智慧？"

你对自己的工作时间是否能够充分利用？你是否会制订一个工作日程表，注明近期必须完成的几件事？假如你决定要做一件事，是不是说干就干，绝不拖延还是最后让它落空？

提升效率要选对时机，在适当的时间做适当的事

人要懂得掌控时间，就要学会把握时机，在最适当的地点、最适当的时间，做最适当的事，这是提高效率的关键。

一个人要想做事高效，就要做到对事情专心，每一刹那都必须全神投入在当前的事务上。

古人曾说："物各有时。"其意思所指的就是一种机遇，这里的"时"不是"时常"的意思，而是指"适当的时候"，所以做工作要把握住这个"适当的时候"。比如，厨师在做菜的时候，如果这道菜要求小火慢炖50分钟，那么就必须看好时间。时间不够，可能吃起来就会撕咬不动；时间过长，可能肉就失去了筋道的口感。

所谓："识时务者为俊杰。"这其中的"俊杰"，并非专指那些纵横驰骋如入无人之境、冲锋陷阵无坚不摧的英雄，更包括那些看准时局、能屈能伸的聪明者。同样地，我们在做一项工作前，也要想一想什么时候是最有利的，现在的这个时机是否合适。所以，我们要把工作做好也要把握好时机。

比如，一个业务员想给他的客户打电话，推销一批新产品，这时他就应先想一想这个电话在什么时间打合适。如果客户是一个习惯工作到很

晚的人，那他就不应该在大清早打电话去，也许对方还没起床呢，打到单位去更会找不着人，打手机则会把客户吵醒，显得更不礼貌。当然，正在吃饭的时候也不要打这样的电话，被人干扰了吃饭的兴致总会让人生气，更不说谈成什么事了。所以，要排除这些时间段，这样才能把握住最好的时机。

掌握好恰当的时机对做事成功非常重要，反之，若对时间把握不当，就容易导致事情失败。在还没有想清楚之前，就冒然地开始工作，很有可能得到反效果，不但浪费了时间，丧失了机会，还有可能把其他的工作搅乱。

小张在一家DM杂志负责广告和发行方面的工作。

有一次早上开会，上司问他："这一期的杂志投放都到位了吗？你要亲自检查啊！"

小张想也没想就说："没问题，我待会就出去，到一些投放点进行抽查，明天一定向你报告。"

然后，他给负责投递的公司打电话，要求他们把投递数据信息马上传过来。

对方说："我们刚投递完毕，现在正整理数据信息呢，就算加急，也得三个小时后才能给你呀！"

于是，小张只好推迟三个小时出去，这已经是中午了。他连午饭都顾不得吃，因为要跑四个城区，每个城区至少要抽查三个以上的点才有意义。这样跑到下午6点，他还是没有跑完预定的地方。

而原本这个时间，他是约了一个客户吃饭，准备谈一笔广告业务的。他看这时候再赶过去有困难，便给客户打电话解释，希望能够改期。客户倒也好说话，说没关系，不过第二天客户要去外地出差，事情只好等回来再谈了。

正所谓："成也时机，败也时机。""时机"历来都被成功者视为关系成败的关键要素，一件事情能不能做成功，时机的把握非常重要。要提高工作效率，就不能随意地把工作拿过来就做，在做之前一定要考虑好最佳的处理时机。

一位有名的企划人员在谈到她的经历时说:“那一次,我和我的同事同时参与一家大公司的投标。通过大量的资料收集和精心的筹划,我们几乎在同一时间完成了各自的竞标计划。但在赶往大公司途中,我的车子出了故障,晚了一小时到达会场。而在这一小时内,我的同事那新颖的设计和长远的规划再配上她那精彩的讲演,已深深地吸引了那家大公司的决策人员,那家公司上层人士决定用我同事的方案。老实说,我的计划并不逊色于同事,可因为晚了一小时,我竟失去了竞争的机会。我现在还经常为那次失败懊悔。”

乐百氏曾于 1998 年选择进军茶饮料市场。令人遗憾的是,乐百氏的茶饮料并没有如期一炮打响,其主要原因是选择的时机过于超前,那时候茶饮料在中国市场尚处于启蒙阶段,必须花力气去推广,结果是事倍功半。乐百氏之所以会失败,就是因为它没有很好地把握时机,以致造成不可挽回的损失。

做好任务执行工作并不难,只要你用心去研究、去审视,你就可以分得出哪好哪坏、哪是利哪是弊了,只要把握好最佳的火候,那么成败也就掌握在自己手中了。

思考

你有将有关联的工作归纳到一起的习惯吗?你认为这样做可以节约时间吗?你经常用哪种方法来管理时间?

你是如何理解“成也时机,败也时机”这句话的?你对这句话有何感受。对于接到的任务你觉得应该怎样做到恰到好处?如果没有做到这一点,你觉得应该怎样改变自己?

合理分配精力，每分每秒都做最有用的事

勤奋并不等于把“忙”与“累”变成习惯。自己给自己找累，这是世界上最愚蠢的人才会干的事。

在工作中，有一些人没有正确的时间观念，一旦离开了“忙”与“累”，他们就会变得诚惶诚恐，觉得无所适从。因此，他们不是因懒散而使工作变得效率低下，而是过于沉溺于工作，也就是人们所谓的“工作狂”。

其实，成为“工作狂”是一种非常错误的时间管理观念。有调查表明：一个低效率的人与一个高效率的人，他们之间的工作效率可相差达10倍以上。为什么会有如此大的差距？其关键就在于，前者不善于利用自己的精力和时间，而后者则能恰当地分配自己的精力与时间。

你或许听过这样一句睿智的话：“不要只是努力地工作，而是要聪明地工作。”许多非常勤奋、努力工作的人，为什么到头来绩效不好甚至一事无成？但是花同样的时间，那些懂得聪明地工作的人却往往能完成得更多，因此他们的产出更好，获得的回报更大。这些人到底聪明在哪里呢？答案就是他们懂得合理分配自己的精力，每分每秒都做最有用的事。

在工作中，有些人总是想着“我必须工作，我必须工作，我必须工作”，这样做只会使自己感到充满压力，也会总觉得“忙”与“累”。其实真正“忙”与“累”的原因，并不在于工作本身太多，而在于做事没有计划，不懂得合理分配自己的精力，当计划之外的事情缠上身时，反而使自己该做的事情做不完了。

人不是永不疲倦的机器人，时刻充满激情的想法并不现实。对于每一个人来说，其精力都是有限的，而如果把这些有限的精力总是用在无序的杂事上面，就会大大降低做事的整体效率。所以，如何分配自己有限的精力，就直接关系到执行是否更成功，是否会更有效率。

在某公司，A 君就是一个性急之人，不管何时碰到他，他给人的感觉都是一副风风火火的样子。究其原因，主要是他在工作安排上七颠八倒，毫无顺序，做起事来也总是被这些杂乱的东西阻碍。

不仅如此，他的办公室也是同样地一团糟。因为，他经常很忙碌，从没时间去整理自己的东西，即便有时间，他也不知道怎样去整理、安放，以致他的办公桌如同一个垃圾堆。

相对于 A 君来说，B 君就很少出现这种情况，因为他自始至终都是个做事有条理的人，每当遇到事情时，他首先做的就是使自己镇静下来，然后找出事情的关键所在，并根据事情的不同安排出不同的时间来处理。所以，他的事务总是能有条不紊地进行，从来显示不出整天忙忙碌碌的样子。

现代社会节奏越来越快，每天只有 24 小时，精力有限，正所谓“好钢用在刀刃上”，我们的精力也应该用在更有用的事情上。但是，这种“忙”不是“瞎忙”，而是有效率地忙。做事情如果不能把握关键所在，结果只能是事倍功半，出力不讨好。

更进一步讲，对于每个人来说，其精力也有好差之分，而且这种差别发生的时间又不一样，所以我们常听人说：“我是个适合早上做事的人，我喜欢早起，然后迅速行动起来。”也能听到有人说：“我是个夜猫子，越到深夜，就越有精力。”

可以说，没有谁的精力水平是全天一样的，而这正是是否会管理时间的关键所在。不懂得合理分配自己精力的人，其结果就是“忙”和“累”，而善于安排个人精力的人，就会感觉生活是轻松的，工作是愉快的。

在工作中我们难免被各种琐事、杂事纠缠，不少人由于没有掌握高效能的工作方法，而被这些事弄得筋疲力尽、心烦意乱，总是不能静下心来去做最该做的事，或者总被那些看似急迫的事蒙蔽，根本不知道哪些是最应该做的事，结果只能是白白浪费了大好时光，最终致使工作效率不高，效能不显著。

时间是一个限制因素。在某种限度内，我们可以用一种资源来替代

另一种资源，但却没有任何东西来替代时间。而精力则不同，我们可以随时调整对某件事所用的精力。所以，合理使用我们的精力，就能更进一步提高工作效率。这样，我们的时间就会变得更充足，就不至于让工作扰乱我们的神志，办事效率就会变得极高。

因此，最没有效率的人，就是那些以最高的效率做最没用的事的人。掌握工作中的重点，合理分配自己的精力，每分每秒都做最有用的事，这才是高效执行的要点。

思考

你是"工作狂"吗？你是否感到每天都在忙忙碌碌？你是否百事缠身，精疲力竭？你能协调工作和生活的关系吗？你认为劳逸结合有必要吗？对你的工作有影响吗？

你是否觉察到工作任务的要求在不断提高，而自身的承受力却在无情地下降？你是如何摆脱这种困境的？是否考虑到在效率最高的宝贵时间里做最重要的工作？

灵活运用80/20法则：工作条理化，事多也不怕

在这个追求速度的时代，同一时间永远只能做一件事的人，将可能被淘汰！

管理学大师彼得·杜拉克曾说："不能管理时间的人，就不能管理一切。"一个连自己的时间都无法有效管理的人，其工作必然是低效的。

在执行的过程中，我们要做的事情并非只有一件，可能同时会有许多事要做。面对这一情形，怎样才能用更少的时间，将工作更快更轻松地做好，取得更好的执行效果呢？这就要求我们必须善于安排工作，力求做到工作有条理。

两个毕业生同时应聘英特尔公司的部门经理助理。两个人实力相

当,面试官难以取舍。这时候,公司总裁秘书问了这两个人同一个问题:“假如你已进入公司担任经理助理,每天上班的第一件事会做什么?”

第一个人答道:“我会等待经理前来给我分配任务,绝不会做自己的私事。”众考官摇了摇头。

第二个人答道:“上班第一件事是收电子邮件和信件,了解今天有哪些工作要完成,再根据轻重缓急把工作一件件列出来,按照时间顺序排一个表……”

结果很快就出来了:第二个人被录用,第一个人被淘汰。

这个问题就是考察应聘者做事是否有条理,做事的条理性对助理工作来说极其重要。而第一个人完全误解了考官出题的用意,他的回答使考官觉得他过于被动,没有主见,做事需要别人来指点,这样的人有什么条理性可言?

常言道:“万物有理,四时有序。”这里的“序”,就是顺序、次序的意思。自然界是这样,人类社会也是这样,我们做事情也必然是这样。遇到事情,我们要先分析,我们的目标是什么,做这件事情有哪些方法,哪种方法最好,需要注意哪几个方面。先对事情进行统筹规划,列出做事的提纲,分清主次,哪些应该先做,哪些完全可以后做,形成条理再开始工作,这样就能有效提高工作效率了。

有这么一个故事:

两个人同时去找鲁班拜师学艺,一个胖子,一个瘦子。

鲁班刚开始并没有答应他们,只允许他们在旁边观看他的手艺。

一个月后,鲁班对他们说:“如果你们真想拜我为师,必须经过考验才可以。”

两个人异口同声地说愿意接受考验。

“你们各自做一套家具,这套家具必须包括桌子、椅子、凳子、柜子和床。桌子一张,椅子两把,凳子四个,柜子两个,床一张。如果你们谁能做好,我就收谁为徒。”鲁班吩咐道。

胖子一听,脑袋就发晕:“天啊,这么多啊!我做一年都做不完啊!”

瘦子并没有多想，他开始把目标具体化：先做一张桌子，这个目标最好实现；再做两把椅子，接着做四个凳子；三个小部头做好后，再做两个大部头。他的计划是先做床，最后攻克两个相对来说比较麻烦的柜子。瘦子的计划有条不紊，先易后难，每完成一项，都给自己打气。他会自我鼓励地说："下一个目标就是一个凳子嘛！太容易了！"然后就忘我地投入到工作中。

再来看胖子，一想到要做那么多的家具就发愁。"这么重的任务怎么能完成呢？太多了啊。为什么一定要做那么多呢？少做一点不行吗？真的太多了啊。我肯定完成不了。"胖子语无伦次地抱怨任务太重，心中毫无目标，不知从何下手。既想做椅子，又想做桌子，还想做柜子，恨不得一下子全做完，一口气吞下一个大胖子。于是，椅子做了一半就丢在一边去做 桌子，桌子的四条腿还没有完成又跑去做柜子。

两个月后，瘦子的一套家具全做好了，而胖子连一张椅子都没有做好。

鲁班收了瘦子为徒，胖子垂头丧气地离开了。

同样一个目标，瘦子能完成，胖子却失败而归。并不是胖子的手艺比瘦子差，而是胖子不懂得有计划、有条理地把目标具体化和细化，脑子里老想着这么大的一个目标怎么能实现，胖子输就输在这里。由此可见，一个人如果能够在做事的条理性方面加强自己，就能够在做事的时候取得事半功倍的效果，再难的事情也不在话下了。

工作是有章法的，要做到高效执行就要善于安排工作，不能眉毛胡子一把抓，同样多的工作任务有不同的安排方法，只要合理分配，我们就可以避免将时间花在琐碎的工作任务上，从而有效地提高我们的工作效率。

不要总说工作太忙、太累，如果我们都能够把自己的工作安排得有条理一点，也许我们的工作效率就会提高很多，这样就能一步一步地把事情做得有节奏，获得最好的结果。

思考

你是否有将文件按便于工作的方式进行分类的习惯？你有没有考虑

过哪一件事才是最急需处理的事？如果不能，你有什么困难？

你善于安排你的日常工作吗？你能把自己的工作任务清楚地写出来吗？当你按照事情的轻重缓急做事之后，在工作上你看到了什么效果？你能表述一下你的感受和心得吗？

善于规划时间，用好不起眼的零碎时间

德国诗人歌德曾说："只要我们能善用时间，就永远不愁时间不够用。"

时间是最公平的，不论贫富贵贱，每个人每天拥有的时间都是一样多；时间又是最不公平的，每个人每天取得的成就绝不会一样多。每个人每天都拥有1440分钟的时间，而时间的特性就是稍纵即逝，失去了就永远无法追回，所以做事的关键就是要把握好每一分钟。

有一位年轻人，多年来一直未曾获得成功，于是有意向某著名教育学家请教。在经过一翻周折之后，他终于与这位教育学家约定好了拜访的时间。

这天，年轻人按照双方约定的时间，来到了教育学家的门前。但是，当教育学家打开房门时，却让他有所失望。只见房门敞开着，眼前呈现出的是一派乱七八糟的景象。这令年轻人颇感意外。

这时，没等年轻人开口，这位教育学家便说："你看这房间，太不整洁了，请你在门外等我一分钟，我收拾完，你再进来吧。"

一分钟后，教育学家再次打开了房门，并热情地将年轻人让进了客厅。这时，年轻人眼前呈现出的却是另外一番景象——房间已变得井然有序，两杯刚刚倒好的红酒，正散发出淡淡的酒香。

年轻人正准备将满腹的问题向教育学家请教时，这位教育学家却非常客气地说："干杯，朋友，你可以走了。"

年轻人手持酒杯一下子愣住了，十分不解地说："可我还有很多问题没有来得及向您请教呢！"

"这些……难道还不够吗？"教育学家一边微笑着，一边环视着自己的房间。

"一分钟……一分钟……"年轻人若有所思地说，"我懂了，您让我明白了用一分钟的时间可以做许多事情，并且还可以悟出许多道理。"

我们都知道，时间是没有办法存储的，而且是一去不复返的。但是，一分钟却可以让我们做许多事情。时间就像海绵里的水，只要你去挤总会有的。而完成工作的方法，就是要懂得爱惜每一分钟。

有一个教授和学生对话的故事——

教授拿着一个大瓶子，向里面装大块石头，装了几块之后，就不能继续装了，此时他问对面的学生："瓶子满了吗？"

学生回答："满了。"

教授放下手中的大石头，继续向瓶子里装小石子，装了一大把小石子之后，瓶子里此时连一粒小石子也装不下了，此时教授又问学生："瓶子装满了吗？"

学生想了想回答道："满了。"

接着教授向里面灌沙子，沙子最后从瓶子里溢了出来，教授又问："瓶子装满了吗？"

学生沉思了片刻回答："满了。"

教授依旧不动声色，然后向那个看起来满满的瓶子里灌水……

很多时候，我们发现自己的时间计划表已经排得满满的，但是时间依然不够用，而且仔细想一想自己在这段时间之内也没取得什么实效，这是怎么回事呢？这正是因为有些事情就像故事中提到的大石头，它们看起来是占用时间的大块头，但是只要处理得当，我们依然能够从中"挤出"许多空隙，这些挤出的空隙就是我们的零碎时间。

时间一去不复回，后悔也无用。要想做一个高效能的执行者，就必须又快又好地工作，就必须解决掉浪费时间的问题。要知道，每天的 24 小时中，我们能够完全用于工作的仅仅只有八九个小时，如果不从小的零碎空当中抢时间，那真正属于我们掌握的时间就可谓是少得可怜。有时那些零碎时间虽然看似不起眼，但是如果能充分将其利用好，我们就会发现自己的工作效率倍增。

事物的发展变化，总是一个由量变到质变的过程。"点滴"的时间看起来似乎毫不显眼，但它们经过一点一滴的积累后却大有用处。正如比尔·盖茨所说："在相同的时间内，用相同的劳动做尽可能多的事情，你就能领先别人一步。而在相同的时间内，用相同的劳动做尽可能多的事情的最佳方法，就是毫不浪费地利用一切可以利用的时间。"

时间是无限的，同时它又是有限的，充分有效地利用好零碎时间，在这些隐藏的、短暂的时间里做别人放弃的事情，那么你就会比别人快一步。如果你已经为如何利用自己的空余时间安排好了这样的备用任务，你就会发现有很多的意外收获：自己的知识面在空余时间内不断得到扩充；棘手的问题在空余时间的思考中得到了解决；已经完成的任务在空余时间的加工下，完成得更加出色。

珍惜时间，提高效率，就在于重视眼前的零碎时间，用好这些短短的一分钟会使你意外地收获更多，工作效率也会更好更快地提升到新的层次。

思考

你如何理解时间管理？你有时刻把握几分钟空闲的习惯吗？在午饭以后或工作的休息余闲你一般做什么？

你相信勤能补拙吗？你平时是怎么做的？勤奋给你的工作带来了什么影响？

第3章

高效执行，追求快人一步的速度

在21世纪，行动慢就等于没有行动，你只有快速行动，立刻去做，比你的竞争对手更早一步知道、做到，你才有成功的机会。

美国通用电气公司前总裁杰克·韦尔奇曾说：“一个人最重要的素质就是他的工作速度。”效果出自效率，要出效率就要有速度，速度就是决定成败的关键。

提高执行力归根到底就是要提高办事的速度。同样一件事，交给甲乙不同的两个人去做，甲一星期就做好了，而乙却花了一个月的时间也没有完成，甲的效率就比乙高，甲的执行力就明显要比乙强。

因此，在这个以效率制胜的时代，快速行动，凡事快人一步，就是高效执行的重要环节。

凡事以最短的时间，实施最大量的行动

在最短的时间内实施最大量的行动，以速度取胜是现代社会成功的重要标志。

“传媒大王”罗伯特·默多克说过：“必须快速行动，除了快速做出决定并以决定为基础采取行动之外，没有其他方法可以击败你的竞争对手。懒散是失败者的专利，只有快速才能生存。”

2002年7月的一次互动培训中，面对70多位中高层经理，张瑞敏提出这次互动培训主题是推进流程再造。张瑞敏问了一个类似脑筋急转弯的问题：“你们说，如何让石头在水上漂起来？”

“将石头筑空！”有人喊，张瑞敏摇头。

“把石头放在木板上！”有人嚷。张瑞敏说：“没有木板！”

“做一块假石头！”大家哄堂大笑。张瑞敏说：“石头是真的。”

此时，海尔集团的副总裁喻子达悟道：“是速度！”

张瑞敏斩钉截铁地说：“正确！”

接着，他又说道：“《孙子兵法》上有句话：‘激水之疾，至于漂石者，势也。’速度能使沉甸甸的石头漂起来！同样，在信息化时代，速度决定企业的成败！流程再造就是要以更快地响应市场的速度来满足全球用户的需求！”

对于很多有识之士来说，他们做事都喜欢把握这样一个原则：在这个瞬息万变的时期，不是先瞄准再射击，而是先射击，后瞄准。这种理论听起来似乎是疯话，但它道出了一个真理：今天的企业做决策，最关键的是速度。因此，企业要想获取不凡的成就，最重要的一点就是要做到“速度制胜”！

高效率取决于爆发力和行动的密集程度。在行动时要大量地行动，在把握机遇时只有快速地行动才能超越竞争、引航竞争，所以那些成功的人有时并不是比别人更聪明，只是他们在最短的时间里采取了最大量的行动，因此他们成功了。

拿破仑在意大利之役中，只用了15天时间就打了36场胜仗，并占领了皮德·蒙德。在拿破仑这次辉煌的胜利之后，反法同盟联军的奥地利将领愤愤地说："这个年轻的指挥官对战争艺术简直一窍不通，用兵完全不合兵法，他什么都做得出来。"但拿破仑的士兵正是以这么一种根本不知道失败为何物的热情跟随着他们的长官，从一个胜利走向另一个胜利。

后来，拿破仑说："当我们的军队与奥地利军队战斗的时候，我的心中只有一个信念，那就是：往前冲，战胜敌人！因为自己不是打败他们，就是被他们打败。"

《兵经百字·速字》中说："有智而迟，人将先计；见而不决，人将先发；发而不敏，人将先收。难得者时，易失者机，迅而行之，速哉！"意思是说，发现战机而犹豫不决，敌人就会先发制我；我虽先发而行动不够快，敌人就会先收其利。难得的是时间，易失的是机会，所以一定要抓住来之不易的机会。

在同一起跑线上，谁能更灵活、更快速、更坚决地落实执行的结果，谁无疑会拥有更多的竞争优势。正所谓"两军相逢勇者胜"，今天的商业战场上，两军相逢，毫无疑问是速度最快的执行者胜。在现代社会中，行动慢就等于没有行动。你只有快速行动，立刻去做，比你的竞争对手更早一步知道、做到，你才会有成功的机会。

执行就是"快、准、狠"，有了精准的执行才会有效率；有了速度的执行才能把握市场，获得财富；有力度地执行才能超越期望，实现既定的目标，得到的才能比决策的更多。商场如同战场，战机稍纵即逝。唯有执行有力、定位精准、行动快速的人，才能比竞争对手更快获得最终的竞争优势。

效率从何而来？从执行力中来。要提高执行力，就必须强化时间观念和效率意识，养成雷厉风行、干净利落的良好习惯，克服工作懒散、办事

拖拉的恶习，凡事首先必须着眼于一个“快”字，基于一个“准”字，落实一个“狠”字，就像打乒乓球一样指哪打哪，要有力度，在最短时间内采取最大量的行动。

在执行中，提倡“快、准、狠”，就是凡事都要抓紧时机、加快节奏、提高效率，只有这样才能迅速实施行动，把握住稍纵即逝的机遇。可以说，“快、准、狠”就是衡量执行力强弱的关键因素，在工作中只有真正掌握了“快、准、狠”，才能找到执行力的核心价值。

常言道：“没有完美的计划，只有完美的行动。”永远不要等到完美时再行动，而是要在行动中创造完美，这就是信息时代与过往传统的不同之处——胜出靠速度。

思考

你如何理解行动能力？你对自己在任务执行上的表现如何评价？你如何理解“先射击，后瞄准”？

你能理解“快鱼吃慢鱼”的含义吗？在执行任务前你是如何把握目标的？你认为时间对执行成败的重要作用是什么？

一分钟也别拖延，马上执行任务

怎样能有更好的执行，速度最重要。一件事让这个人做要花七天时间，另外一个人却需要花一个月才可以做好，这之间的差别是什么？所谓效率问题，其实就是速度问题。

有人曾向一位企业老总请教“成功的秘诀”，这位老总告诉他：“现在就做。”“现在就做”就是一个非常重要的秘诀。有了任务马上去做，而不是去拖延，去等待，这就是提升执行效率的重要方法。

有一位知名教授想写一本传记，其选材的趣味性可谓世间少见，其文笔可谓生动，如果这本书上市必然会在文化界引起轩然大波，这位教授也必定会因此声名鹊起，从而获得更大的成就、名誉和财富。

但让人失望的是，至今在图书市场上也没有见过这本书，因为这位教授根本没有去写。他的解释是："我太忙了，还有许多更重要的任务要完成。"因此，这一成就他自身的机会也就浪费过去了。

有了方向和目标，有了战略，如果没有行动，没有去执行，就无法"决胜千里之外"。就好比一辆汽车，加足了油，也确定了方向和路线，但就是没有启动，那必将永远无法到达目的地。

日本著名企业家盛田昭夫说："我们慢，不是因为我们不快，而是因为对手更快。如果你每天落后别人半步，一年后就是一百八十三步，十年后即十万八千里。"现代社会一切竞争都是围绕着速度，都与速度密切相关。可以说，谁抓住了速度，谁就能走在时代的前头，就抓得住未来的机会——快就是机会，快就是效率！

所谓执行力，不仅是一种保质保量完成工作任务的能力，更代表着一个人的工作能力，显示着一个人的工作态度。当工作分配到手中，一分钟也不拖延，立刻去执行、去落实，这才是上级最欢迎的工作态度。

美国埃克森美孚石油公司是全球500强企业之一。在这家公司的各个办公室里悬挂着这样一个数字电子白板，白板上一直显示着这样一段话："绝不拖延！如果我拖延下去，我将会怎么样？如果将工作拖到以后再去做，那么会发生什么？"

这段话就是埃克森美孚石油公司所有领导者和职员的行为准则之一。这一准则的创意来自公司原总裁约翰·丹尼斯。

有一次，丹尼斯到公司的各部门巡视工作。当他来到休斯敦某区的加油站时，已经是下午3点钟了，然而丹尼斯却看见加油站的油价告示牌上显示的并不是刚刚下调的价格，而是前一天的价格。对此，丹尼斯十分生气，立即找来了加油站的主管弗里奇。

丹尼斯指着告示牌对弗里奇吼道："弗里奇先生，你大概还在昨天的睡梦中吧！你知道你的拖延会给公司的荣誉造成多大损失吗？我们公司将被客户传为笑柄。"意识到问题严重性的弗里奇连忙说道："是的，我立

刻去办。”

当告示牌上的油价得到更正后，丹尼斯才恢复了微笑，他对弗里奇说：“你应该记住，如果腰间的皮带断了而不立刻去更换它，就会当众出丑。”从此之后，弗里齐做事时再也没有拖拉过，只要一接到任务，就会马上执行。

工作要及时完成，就要有绝不拖延的工作态度。唯有尽快保质保量地完成工作，才能产生效益。一项工作如果没有强有力地执行，即使有再伟大的目标与构想，再完美的操作方案，最终也只能是纸上谈兵。因为，在某一市场领域内，有很多企业在做着同样的事情，这时只有自己比别人做得更好，执行更有效果，产品才能上市更快，才会被顾客第一时间接受，由此才能获得更大的成功。

那么，如何才能快捷、高效地完成任务呢？答案只有一个，就是：一分钟也别拖延，有了任伤马上就去执行！也就是说，在接受任务后立即行动，而不是找借口拖延。这样，当我们能把工作任务完成在公司预期之前，并且是完美无缺时，那么我们就可以有幸进入“好员工”行列了。

一分钟也别拖延，有了任务马上就去执行。这是身在职场中每一位员工都应牢记的金科玉律。只有马上执行，机会才不会错过，才能更快、更好、更高效地完成任务。

思考

你有拖延的习惯吗？是否有过因为拖延而延误工作进程的事情发生？

当前你最迫切的任务和问题是什么？有没有想过如果你一直拖延下去将会出现什么样的结果？将会发生什么？

没有万事俱备的时候，时刻为抓住机会做准备

机不可失，时不再来。当你认准了一件事情的时候，就要果断地决策，快速地行动。

在职场上，成功者和失败者之间的区别往往不在于工作能力的大小或想法的好坏，而在于是否有勇气相信自己的想法，并能否及时采取行动。

我们大家都知道有这样的一个故事：

在古时，有两个和尚，一个很贫穷，一个很富有。一天，穷和尚对富和尚说："我打算去一趟南海，你觉得怎么样呢？"

富和尚不敢相信自己的耳朵，认真地打量了穷和尚一番，禁不住大笑起来。

穷和尚莫名其妙地问："怎么了啊？"

富和尚说："我没听错吧！你也想去南海？可是，你凭借什么东西去南海啊？"

穷和尚说："一个水瓶、一个饭钵就足够了。"

富和尚大笑着说："去南海来回好几千里路，路上的艰难险阻多得很，可不是闹着玩的。我几年前就做准备去南海，等我准备充足的粮食、医药、用具，再买上一条大船，找几个水手和保镖，就可以去南海了。你就凭一个水瓶、一个饭钵怎么可能去南海呢？还是算了吧，别白日做梦了。"

穷和尚不再与富和尚争执，第二天就只身踏上了去南海的路。他遇到有水的地方就盛上瓶水，遇到有人家的地方就去化斋，一路上尝尽了名种艰难困苦，很多次，他被饿晕、冻僵、摔倒，但是他一点也没有想到过放弃，始终向着南海前进。

很快，一年过去了，穷和尚终于到达了梦想的圣地：南海。

两年后，穷和尚终于成功从南海归来，还是带着一个水瓶、一个饭钵。穷和尚由于在南海学习了很多知识，回到寺庙后成为一位德高望重的方丈，而那个富和尚还在为去南海做各种准备工作呢。

这故事就很明显地表示出了这样的含意：凡事不要等到万事俱备的时候才去做，要及时抓住当前的机会立即行动，这才是真正的机会！

要成为一流的执行高手，就要养成快速行动的习惯。不管我们做什么事情，都不要等万事俱备的时候才开始行动，假如你一定要的话，那你就永远都不会有成功的一天。因为很多事情就是这样，只要"一拖"，它就会"黄"，甚至很多机会错过一次就有可能永远错过。

华裔电脑名人王安博士，在美国企业界是一位传奇人物。他一人以600美元开始创业，数年后营业额却高达数十亿美元。而影响他一生的最大"教训"，就发生在6岁之时。

有一天王安外出玩耍，路经一棵大树，突然有东西掉在头上。他伸手一抓，原来是个鸟巢。他怕鸟粪弄脏了衣服，于是赶紧用手拨开。这时，从里面滚出一个嗷嗷待哺的小麻雀。他很喜欢，于是就连同鸟巢一起带回家，决定自己来饲养它。

王安回到家门口，突然想到妈妈不允许在家养小动物，所以他轻轻地把小麻雀放在门口，急忙走入屋内，请求妈妈允许。在他苦苦哀求下，妈妈破例答应了。

但是，当王安兴奋地跑到门口时，小麻雀已不见了，看到的却是一只意犹未尽的黑猫。

从王安博士小时候的故事中可看到，有时候"万事俱备"固然可以降低自己做事的出错率，但致命的是，它也会让你失去成功的机遇。

世间永远没有绝对完美的事，"万事俱备"只不过是"永远不可能做到"的代名词。在这个速度制胜的时代里，你只有立刻行动，才能增大你的成功机率。很多时候，当接到任务后，若立即进入主题，你便会惊讶地发现其实并不那么难，而如果把时间浪费在准备上，则会有无穷无尽的工作在等着你,你的工作也会永远没有"开始"。

当我们打算要做一件事的时候,一旦具备了一定的基本条件,就要立即行动,不要等到"万事俱备"的时候才去做。否则,再好的思路,再科学的策略,也只能是沙滩上的蓝图,不会变成现实。就像美国著名企业家佩洛特的名言一样:"及时的机会才叫机会!"

因此,不管从事什么行业,当老板给了你某项工作后,抓住工作的实质,当机立断,立即行动,这样你就会成为最高效的执行者,成功也会最大限度地垂青于你。

思考

对于华裔电脑名人王安博士小时候的故事,你能得到什么启发?对于高效执行,你能总结出几个关键点来?

你具有当机立断立即行动的习惯吗?当面临两难问题你是如何做的?你做到快速决策了吗?

先摘好摘的果子,寻找最容易的突破的地方

先摘好摘的果子,通俗地讲,就是先从最容易、最有把握的地方做起。

老子曾说:"天下难事,必做于易;天下大事,必做于细。"这句话的意思是,凡事从容易到难,做事情要循序渐进,不可以急功近利,操之过急。只要懂得观察,善于思考、琢磨,从细微处入手,通观整个大局,就能立于不败之地。

先摘好摘的果子,从最容易的地方做起,就是一个循序渐进的过程,这种由易到难的做事方法,可以使自己在工作中对操作的过程越来越熟悉。

比如,举重者练习举重之初,通常是先从他们举得动的重量开始,经过一段时间后,才慢慢增加重量。拳师也是这样,在他们练习拳击的时

候，教练往往先给拳师安排较容易对付的对手，而后逐渐地使他和较强的对手交锋，这样，在信心一步步加强之后，再遇到强手就不胆怯了。

相反，如果我们一上来就做最困难的事，很可能意味着失败，在失败的打击之下，人就会越来越没信心，做事越来越急躁，最终就真不成功了。所以，先摘好摘的果子并不意味着投机取巧，避重就轻，而是我们在摘取了一定数量的好果子之后，心里自然会建立起一种信心，进而就能够扛得起更大的重担，当遇到的困难越来越大时，就能够沉着应付而不失方寸。

美国加利福尼亚大学的学者曾做过一个实验：

他们把6只猴子分成3组，每2只分别关在3间房子里，每间房子放了同样的食物。

第一间房子：食物搁在地上；第二间房子：食物悬挂在屋顶；第三间房子：食物从易到难悬挂在不同高度的架子上。

数日后他们发现，第一间房子的猴子一死一伤，第二间房子的两只猴子全死了，第三间房子的两只猴子全活，且活蹦乱跳。

对于猴子的死因，摄像头记录显示：

第一间房，猴子为了争夺唾手可得的地面食物，常常厮咬扭打，结果一只被活活咬死，另一只则遍体鳞伤；

第二间房，食物悬置在十分险恶的房顶，猴子虽作再三努力，终因够不着食物而断粮饿死；

第三间房，两只猴子先把底层的食物吃光了，再向高一层的架子继续取食，为了吃到最高层的食物，一只猴子托起另一只猴子，跳跃着扑食，互相轮流垫底，它们每天都能够获得足够的食物。

因此，加利福尼亚大学的学者们得出这样的结论：

猴子的生存与取食的难度有关。食物太容易得到，可能产生哄抢，互相残杀；太难获得，超出取食能力，则等于没有食物；只有循序渐进、从易到难的取食方式可以满足取食的长远需求，又可以提升取食的智慧和能力。

工作中总会面临一时无法逾越的“停滞点”，这时若硬逼着自己冲过去,便很可能产生紧张、困难等感觉,甚至形成恶性循环——越想解决问题,就越解决不了;越想闯过去,就越是原地打转。而这时,如果稍微放松一下,先做最容易的事,反而能增加自己的信心,拓宽自己的思路,最终突破"停滞点"。

先摘好摘的果子,从最容易、最有把握的地方做起,就是一个行之有效的工作方法。这个方法可以使我们在大的问题到来之前,早已从简单而易于完成的工作中练习好处理问题的方法,因此在解决问题的过程中就能使我们轻而易举地获胜。

正如英国著名政治家查斯特·菲尔德博士所说:"从一个易于成功的对象开始,成功就显得容易了。"其实,提升执行力也是这样,先找到最容易的部分,由易而难,于是"难"题也"不难"了。

要想高效地执行,就要找到执行的方法。事情都有大小之分、轻重之分、难易之分,先把小事做好了,找到难题"突破口",那么接下来就会形成"势如破竹"的局面。

思考

你能否理解"天下难事,必做于易;天下大事,必做于细"的含义?在执行过程中你能否针对现状、针对自身存在的问题对症下药?

你是如何实现执行目标的?你能条理清晰地描述一下自己执行任务的过程吗?陈述一下这样做事的理由。

总比别人多做一点,始终比他人领先一步

每位员工都想获得升迁的机会、更多的薪水和奖金,与其说决定权在领导,不如说机会就在自己手中。中国有句俗语:"一步赶不上,步步赶不上。"世界上没有免费的午餐。要想在工作中超越别人,就必须有效率,要永远比别人快一些。

某一个地区，有两个报童在卖同一份报纸，两人是竞争对手。

第一个报童很勤奋，每天沿街叫卖，嗓门也响亮，可每天卖出的报纸并不是很多，甚至还有减少的趋势。

第二个报童肯用脑子，除了沿街叫卖外，他还每天坚持去一些固定场合，去了后就给大家分发报纸，过一会儿再来收钱。地方越跑越熟，报纸卖出去的也就越来越多，当然也有些损耗，但很小。

渐渐地，第二个报童的报纸卖得更多，第一个报童能卖出去的就更少了，不得不另谋生路。

第二个报童的做法就大有深意：

第一，在一个固定地区，对同一份报纸，读者客户是有限的。买了我的，就不会买别人的，我先将报纸发出去，拿到报纸的人肯定不会再去买别人的报纸。等于我先占领了市场，我发得越多，别人的市场就越小。这对竞争对手的利润和信心都构成打击。

第二，报纸这东西不像别的消费品有复杂的决策过程，随机性购买多，一般不会因质量问题而退货。而且钱数不多，大家不会不给钱，今天没零钱，明天也会一块儿给，文化人嘛，不会为难小孩子。

第三，即使有些人看了报，退报不给钱，也没什么关系，一则总会积压些报纸，二则他已经看了报，肯定不会再买同份报纸，还是自己的潜在客户。

不管这个故事是否真实，但你不得不佩服第二个报童确实非常聪明，他知道在两个人竞争一个市场的时候，只有跑在前面的人才能赢得市场。

其实，在工作中也是这样，总是比别人多做一点，始终比他人领先一步，不仅是提升执行效率的方法，也会使自己在工作中得到更多的提升机会。

中国科技大学少年班的李一男在毕业之后直接进入华为，十几天后就晋升主任工程师，一年后就成为公司最年轻的副总裁。究其根源，这个年轻的工程师对技术的发展趋势非常敏感，总是能够给总裁任正非提供具有前瞻性的建议。

不仅如此,他还是一位技术上的能手,总是能够提前为所开发的技术项目解决难题。当其他员工还在为一个产品在市场中的成功而兴奋时,他已经给任正非提出新的建议并着手开发下一代产品了。而当任正非在为某些问题而考虑时,却惊喜地发现李一男早就开始着手解决了。

像李一男这样的员工无论在哪家公司都会受到老板的青睐。对一个企业来说,善于思考、早于他人行动的员工,总要比一个做事呆板,不动脑筋的人更重要。所以,那些注意观察市场、研究市场、分析市场甚至把握市场,提前完成工作的人,是企业最佳的候选之人。

古希腊哲学家苏格拉底曾说:“要使世界动,一定要自己先动。”平时我们也常说:“早起的鸟儿有虫吃,会哭的孩子有奶喝。”这些充满智慧的话语和俗语都道出了同一个道理:凡事都要比别人多做一点,始终比他人领先一步。

商场如战场,商机稍纵即逝。很多人在执行过程当中,缺乏紧张感和高节奏的习惯,经常延误、拖沓,总是慢于进度计划;即使最终完成了,也已经晚于预定时间,要知道在很多情况下延误完成就是没完成。比如,两家公司抢夺发布新产品,谁在前发布谁就抢得了市场先机,就有可能一举赢得竞争优势,而失去一次机会,带来的可能就是失败甚至破产。

执行力强的人会将时间进度当做核心标杆来看待,一旦晚于预定时间,就会感到压力,有紧张感,于是开始加班加点,投入更多的资源,或者是采用创新性的方法。总之,无论如何他也要想尽办法来追赶进度。相反,执行力弱的人,缺乏时间进度的强烈意识,即使晚于预定时间也觉得无所谓。

永远比别人行动快一步,是高效执行和提升自我必不可少的重要策略之一,它能使执行者变得更加敏捷、更加能干,更能得到上司加倍的赏识,从而得到更多的机会,由此从竞争中脱颖而出。否则,行动策略再好,自己的能力再强,如果总是迟迟不行动,一切也都会是枉然。

正如富士康集团 CEO 郭台铭经常对员工讲的一句话:“一步落后,步步落后;一招领先,招招领先。”凡事都多做一点儿,永远比别人领先一

步，这就是速度制胜的道理！

思考

你是否具有实现执行目标的强烈愿望？你觉得自己在工作中有哪些做法是正确的？哪些做法是不合理的？应该怎样改正？

对于现在自身的情况，你是否能够把执行中的不利因素转变为有利因素？

提前进入工作状态，将工作完成在昨天

这是一个没有什么事情不需要速度的时代，比尔·盖茨曾说："过去，只有适者能够生存；今天，只有最快处理事务的人能够生存。"

时间就是金钱，效率就是生命。所谓高效执行，就是看执行者能否在竞争中更快地将事情做好。可以说，一个工作速度快、处理问题速度快、适应环境速度快、对意外情况反应快的员工，无疑会做出更优异的成绩。

有一个商场招聘收银员，经过筛选有三位女士参加复试。复试由老板主持。

当第一位女士走进老板的办公室时，老板拿出一张100元的钞票，要这位女士到楼下去给他买一包香烟。这位女士觉得自己还没有被正式录用，就被老板无端指使，将来的工作一定会有很多麻烦事，于是干脆地拒绝了老板的要求，气冲冲地离开了老板的办公室。

第二位女士走进办公室后，老板也拿出了一张100元的钞票，要她去买一包香烟。这位女士很想给老板留下好印象，于是爽快地答应了。可是，当她到楼下买香烟时，却被告知这张100元的钞票是假的，没办法，她只好用自己的100元买了香烟，又把找来的零钱全部交给了老板，对假钞的事只字未提。

第三位女士也同样被要求去买香烟。当她接过老板递过来的100元

钞票时并没有转身就走，而是仔细地看了看钞票，马上就发现这张钞票不大对劲儿，于是很客气地要求老板另外给她一张钞票。老板微笑着拿回了那张100元钞票。第三位女士被录用了。

从这件事中我们可以得出什么结论?

第一，我们不要总是去拒绝那些看似不属于我们自己的事，如果是那样，好运永远也不会降临在我们头上；

第二，如果我们想在事业上获得快乐，就不能去做让自己痛苦的事；

第三，在工作之前就要棋看三步，提前进入工作状态，通常这样的员工最受老板赏识。所以，只有像第三位女士那样才是最好的。

在整个任务执行的环节中，时间是最有效执行的工具。谁能在最短的时间内发挥出自己的优势，谁就是高效率的员工。

在执行的过程中，无论结果多么完美，如果不能在有效的期限内完成，不仅不能为企业带来任何益处，甚至有时候还会让企业陷入到生存与发展的困境。只有在有限的时间内出色地完成任务，才能真正地提升企业的竞争力，才能使企业在竞争激烈的环境中更好地生存与发展，这才是真正的高效执行力。

在看一些战争题材的影片时，我们经常会看到这样的镜头:无论是在大战的总进攻、总撤退，还是在小分队行动时，最高指挥官在行动之前总要说:我们对表。其实，在这个时候，谁的表是天文时间已经意义不大，而能否准时完成任务，能否赶在敌人之前占领军事要地才是最重要的。可以说，时间对一场战役的胜利起着关键性的作用。

从某种程度上说，竞争不在于你做什么，而在于你如何做，如何尽快地做好。所以，要想成为一个高效率的员工，就要树立起正确的时间观念，要注重时效性，要比竞争对手更快地行动起来。

1997年，福特公司90%的杂志广告是针对男性做的，而只有10%是针对女性做的。

福特公司的一名广告策划副经理罗斯·罗伯特通过对市场深入的调查发现，在汽车市场，女性购买者占65%，因此1997年中期他便将60%

的广告目标投向女性。当董事会意识到女性市场的重要性时，董事们惊喜地发现，罗伯特已经解决此事了。

由于他把事情做在前面，比别人早一步行动，因此为福特汽车占领女性市场赢得了巨大的先机。不久罗斯·罗伯特便被董事会提升为部门经理。

当确定了做一件工作所需的时间后，一定要在指定的期限内完成，最好能提早完成，预留一些检查的时间，让自己能检查是否有疏失或遗漏的地方，以确保工作的准确。把所有的工作完成在“昨天”，在最短的时间内处理最多的事情，提前完成工作，这样才能提高执行力，才能给企业带来效益。所以，要成为高效率的员工，就要把老板交代的工作在最短的时间内进行处理，争取让工作早点圆满完成，给公司带来效益。

一个总能在“昨天”完成工作的员工，必定是一个好员工；一个总能把计划完成在“昨天”的企业，必定是一个成功的企业。在职场中脱颖而出，最实际的方法就是提前进入工作状态，具备“把工作完成在昨天”的工作理念，这样就为自己的成功加重了砝码。

时间像弹簧，可以缩短也可以拉长，只要用力挤它就会变得最短。所以，我们要养成这种挤时间的习惯，训练自己提前进入工作状态，把手中的工作消化在“昨天”。

思考

你怎样理解今天、明天和昨天的关系？你是怎样把握今天和现在的？你明天的工作计划是什么？你认为自己怎样才能做到守时和最快速地完成任务？

第4章

高效执行，擅于自我管理

管理之父德鲁克告诉我们："唯一真正有效的管理就是自我管理。"

自我管理是高效率员工的显著特征，懂得自我管理的人具有强烈的使命感，敢于承担责任，懂得发挥自己所长，并且可以言出必行，行之必果；可以坦荡地接受他人的检阅，自始至终都会抱着自动自发的工作态度。因为他们明白，所有的工作都是为自己，所有的付出都必将有所回报。

所以，高效执行的员工必定是一个自我意识强烈的人，无论有没有领导监督，他们都会很认真地做好本职工作，甚至会超出领导监督情况下的工作效果。

职场不相信眼泪，改掉少爷/小姐脾气

在《职来职往》中，唐宁说："在职场中，眼泪并不能代表什么；这个世界之所以灿烂，不是因为阳光，而是因为你的笑。"

在当今的职场中，不少年轻人很有个性，也很自视甚高，一点委屈都不能受，话说得稍微重一点，他们就"大爷我不伺候了"。尤其是女孩子，由于心理太脆弱，领导刚批评两句就开始流泪，哭得梨花带雨，好像受了多大委屈似的。

某公司的领导者曾抱怨说："真是唯小人与女子难养，我们公司那些大小姐真是难侍候。对她严一点，眼泪就掉了下来；对她好一点，她又得意得忘了自己是谁！真是头痛！"由于她如此一哭，领导接下来不知道该怎么说好了，只好"一声叹息"，就此作罢。

职场不相信眼泪，只以实力论英雄；没有怀才不遇，只有能力欠缺。你就是职业舞台上唯一的主角，演出的好坏，完全取决于你自己。工作不是为了老板或其他任何人，只是为了你自己。一个不能经历磨砺的人，又怎么能变得越来越"锋利"呢？

有一个故事就是这样说的：

在佛堂里，有一块大理石地面一天抬起头来对佛像说："我们原本来自同一块石头，可现在我躺在这里，灰头土脸，受万人踩踏，而你却站在那里，高高在上，受万人膜拜，世道为什么如此不公平呢？"

佛像说："是的，我们来自深山同一块石头，但我经过几个石匠数年的打磨，才站在了这里，而你只接受了简单的加工，所以你就只能铺在地上给人垫脚啊。"

虽然是石头，一旦被雕成佛像，话里话外也就充满了禅机。

人都是会流眼泪的，这种眼泪用得适当效果自然好，但是如果常流不止，就会让人作呕了。更何况大多数领导的批评是没有恶意的，他们只是希望下属的工作能够做得更好，即使有时领导的话说得不好听，也应该诚心诚意地听进去，而不是使小性子或者自怨自艾。

人的性格是多种多样的，有些性格有利于自己个性的成长，却不利于职业的发展。所以，要学会不断反省自己的过错和问题，就像苏格拉底说的那样："那些想要改变世界的人首先要改变自己。"

有一个毕业生，靠亲戚关系进入一家公司工作，在创新意识上虽然还算能够胜任，但具体到日常工作中与同事的交流以及业务来往，他就显得笨拙了。

刚开始，由于部门经理与他父亲之间有私人关系，事事都在背后照顾他，可以说这时他在职场上的历程还是比较顺利的。私下里，他也非常感谢部门经理对自己的照顾和重用。但是，过了半年后，这位部门经理被调到了其他城市，这时他身后的支架突然空了。

除了有关网络开发的事务外，他对公司其他与自己相关的业务一点都不熟，更没有摸出门道。虽说周围的同事很多，但由于平时他不善于应酬，所以与大家的关系处得不是很好，因此常常受到别人的排挤，有苦也说不出。无奈之下，他只好离开了这家待遇很不错的公司。

要高效地执行工作任务，就要改变自己，改善自己的性格，学会依靠自己来解决问题。因为成长环境的原因，许多年轻人从小习惯于依赖家庭和朋友，有的甚至不做家务，不理家事，有一种"少爷""小姐"脾气，这是最不符合职场要求的，所以更无从提及高效率的工作了。

职场是不相信眼泪的，更不会把你当做"少爷""小姐"来看待。职场是靠实力说话的地方，在这里，做出业绩才是硬道理。因为出众的工作业绩更能证明你的能力，体现你的价值。唯有辉煌的业绩和出类拔萃的能力，才是衡量一名员工价值的唯一标准。

事实表明，如果你在工作的每一阶段，总能找出更有效率、更经济的办事方法，那么你不仅能提升自己在老板心目中的地位，还将有更多机会得到提拔。因为出色的业绩已使你变成不可取代的重要人物。

为了成就自己，为了使自己更快更好地做成事，就要自己改变，否则就无异于在“自杀”。

思考

你认为本节中那个毕业生的做法正确吗？如果是你，你会怎么做？

在工作中，你是否先做喜欢做的事，再做不喜欢的事？那么，你认为什么样的态度才是一个执行者应有的态度？

工欲善其事，必先利其器，能力大于位置才有效率

古语云：“工欲善其事，必先利其器。”

在信息时代的今天，能力仍旧是一个区别英雄与狗熊的标准。在职场中，发展最快、成就最高的人，往往就是把任务执行得最出色的人。

周强大学毕业后在一家大公司打工，虽然公司里人才济济，自己只不过是个毫不起眼的小职员，但他一直在为自己的未来做着储备。他不断充电、学习，并着手改进自己的工作，使之更有效率。

当大家都按部就班地工作时，他却发明了自己独特的工作方式，更有效率地完成每一项任务，自然被老板提升到了更高的职位。

突破能力“瓶颈”，让能力大于位置，这才是解决效率的关键。没有“能力”哪来“效率”，“能力”是取得“效率”的基础。一桶新鲜的水，如果放着不用，不久就会变臭；一名优秀的员工，如果不能经常改进自己的工作，很快就会被淘汰。

作为公司的一名职员，只有不断地从学习中吸收新思想、不断地提升自己的思考能力，才能够在工作中获得不断改进的方法。

一位搏击高手参加比赛，自负地认为一定可以夺冠。当打到中途时，搏击高手警觉到，自己竟然找不到对手的破绽，而对方的攻击却往往能突破自己的漏洞。比赛结果可想而知，搏击高手失去了冠军奖杯。

他愤愤不平地回去找他的师父，央求师父帮他找出对方的破绽，好在下次比赛时打倒对方。师父笑而不语，只是在地上画了一条线，要他在不擦掉这条线的情况下，设法让线变短。他百思不得其解，最后还是请教了师父。

师父笑着在原先那条线的旁边画了一条更长的线，两相比较之下，原来那条线看起来立刻短了很多。这时师父说道："夺得冠军的重点，不在如何攻击对方的弱点，正如地上的线一样。只要你自己变得更强，对方也就在无形中变弱了。如何使自己更强，才是你需要苦练的。"

对于很多人来说，失败往往是自己造成的。只有不断追求自我成长，不断进步，才会取得成功。

A 对 B 说："我要离开这个公司。我恨这个公司！"

B 建议道："我举双手赞成你报复这个破公司，一定要给它点颜色看看。不过你现在离开，还不是最好的时机。"

A 问："那什么时机比较好？"

B 说："如果你现在走，公司的损失并不大。你应该趁着在公司的机会，拼命去为自己拉一些客户，成为公司独当一面的人物，然后带着这些客户突然离开公司，公司才会受到重大损失，非常被动。"

A 觉得 B 说的非常在理，于是努力工作，事遂所愿，半年多的努力工作后，他有了许多忠实客户。

再见面时 B 说："现在是时机了，要跳赶快行动哦！"

A 淡然笑道："老总跟我长谈过，准备升我做总经理助理，我暂时没有离开的打算了。"其实这正是 B 的初衷。

"磨刀不误砍柴工"是我们每个人都知道的一句谚语。这里所说的"磨刀"就是修炼自己各方面的功力，提高办事能力和效率。

一个人的能力有大小，办事效率有高低。对大多数人来讲，最头痛的问题就是自己缺乏能力，想多做事，但常常力不从心，半途而废。怎样解决这个问题呢？首先必须提高自己的能力，把所有的时间和精力都投入到自己的专项上。结果会怎样？结果你会发现自己突然强大起来了，做

成了自己想做的事。这就是“多努力一点”的成事之道。

没有哪个士兵不想当将军，如果你想当将军，你学的技能就要远远不止当士兵所具备的技能。换句话说，你要比士兵更强，他们能做到的你要做到，他们不能够做到的，你也要做到，这才是将军。

世间很多事物的道理是相通的，在职场也一样，如果你不想做一个普通的员工，而想成为一个出类拔萃的领导者，那么你不仅要练好基本功，还要进一步从各个方面完善自己，让自己在技能和为人处世方面专业起来。别人能做到的你能做到，别人做不到的你也能做到，那么你就是最优秀的了。

要做一名优秀的执行者，要实现高效率地工作，就不能满足于现有的工作表现，只有像“鸬鹚捕鱼一样，一头扎进水里”，才能有更大的收获。

思考

每天工作之后，你是否思考：今天我学到了什么？我有什么做错的事？有什么做对的事？假如明天要得到我要的结果，有哪些错不能再犯？

你能做到勤奋学习，不断充实自己吗？你能做到主动适应企业的发展吗？你能否做到付出大于得到，让老板真正看到你的能力大于位置？你在工作中是怎么做的？

做人勤奋一些，做事效率就会高一些

有人说过：思路决定出路。不错，如果一个人在思想上存在不想工作的想法，再怎么样，也不可能工作出色，更不用说效率了。

很多人身上有这样的毛病：一件事情，如果有人督促，往往会做得比较好；如果没有人督促，就很容易松懈，觉得反正没人管，费那么大劲干什么，差不多就行。但最好的执行者，不管有没有人督促，都会以最高的标准来要求自己，最好地完成任务。

华罗庚教授有句名言:“勤能补拙是良训,一分辛苦一分才。”勤奋是保持高效率的前提,只有勤勤恳恳、扎扎实实地工作,才能把自己的才能和潜力全部发挥出来,才能创造出更多的价值。

美国高尔夫名将盖瑞·布雷尔有次在比赛时挥出完美无缺的一杆,旁人问他:“要如何才能像你一样好?”盖瑞回答:“我每天早上起来挥杆一千次,双手流血,包扎过后继续挥杆,连续挥了三十年。”“你愿付出每天起来挥杆一千次的代价吗?重复一模一样的动作?”盖瑞反问。

UCLA 篮球教练约翰·伍顿曾连续领导球队拿到十多次全美篮赛冠军。别人问他是如何指导球员,让任何球员进入球队之后都变成冠军的。他说:“即使是篮球巨星,也要每天站在篮下五尺处练五百次基本投篮动作,因为每天练投五百次,遇到紧急状况时才能有超水准表现,基本动作是最重要的。”

每个人都有惰性,职场中也不例外,但重要的是,一个有惰性的人是不可能有高效率的。有些人本来具有出众的才华,很有发展前途,但因为平时无论事情大小,总是试图投机取巧,结果日后一事无成。

高效率的工作者都懂得这个道理:在相同条件下,当一个人勤奋努力工作时,他所产生的效率肯定会大于他懒散工作状态下的效率。因此,大凡有所作为的人,无一不与勤奋有着难解难分的缘分。

日本有个汽车推销员,名叫椎名保文。他在丰田汽车公司的一个分公司里工作,在不到 13 年时间内,他就销售了 4000 辆汽车。

如果把 13 年的销量按月数计算,他每个月平均等于销售汽车 25.6 辆。除了星期天和节日,每个月的实际工作日只 25 天。因此,椎名是以平均一天一辆的速度推销汽车的,而他的顾客还都是个人消费者,没有一个大批购买的客户。他的速度真是很惊人。

一般汽车推销员平均每月推销 4 到 5 辆,椎名一个人的推销了几个人的工作量,是别人的 5 到 6 倍。一般而言,一个汽车出售公司经营的一个营业所平均有 7 至 8 个推销员,一个月大约平均推销 30 辆汽车,而椎名一个人的推销量相当于一个营业所的推销量。

椎名为什么能够推销那么多的汽车呢？一句话,勤奋产生效率。据说,他的鞋因为走路太多,总是在很短时间内就不能再穿。

曾经左右世界金融市场的年轻富翁戈德曼说过:“不奔波就好像没在世界上。”戈德曼从上午9点钟上班一直连续工作14个小时,当他看到华尔街年轻的富翁多半在30岁以前就破产时,戈德曼笑着说:“想要做的事堆积如山,无暇浪费时间使自己破产。”

椎名和戈德曼都是靠勤奋向时间要效率的人,他们的工作是高效的,他们的人生更是成功的。

勤奋能塑造伟人,也能创造一个最好的自己。科学巨匠爱因斯坦一生勤奋才创造出伟大的相对论,为科学留下了宝贵财富。他说:勤奋,几乎是世界上一切成就的催产婆。唯有勤奋,你才会生长出成功的翅膀;唯有勤奋,你才会在困难面前勇往直前。成功的旅途充满了无数的艰辛和困苦。只有勤奋,才能更加砥砺你的才智和信念,才能更加激发出你的创造才华,才能使你的潜力得到更充分的发挥。

俗话说:“有付出才有回报,有耕耘才有收获。”只要加倍勤奋,你就不会比别人差。缺乏事业至上、勤奋努力的精神,你就只有观望他人在事业上不断取得成就,而自己在懒惰中消耗生命,甚至因为工作效率低下而失去谋生之本。

人都是有惰性的,只是每个人“惰”的程度不同而已,关键就在于我们要有意识地规避惰性,激发自己的积极性。这样,才能赢得职场上的辉煌,才能获得老板的信任,才能使自己的工作更高效,才能避免职场生涯中的“滑铁卢”。

一些人对工作没有热情,缺乏主动性,得过且过,而且整天抱怨老板和公司,由此就可以断定他是一个工作效率很低的人,业绩也很差。而且,懒惰还会带来恶性循环,最后对谁都没有好处。就像培根告诫人们:艰难由懒惰生,苦楚由偷安来。

勤奋使你增长才干,懒惰使你一无所获。要想成就一番事业,就必须具备勤奋的工作态度,没有勤奋的工作,再美好的愿望都会成为空谈。你在工作时付出得越是慷慨，得到的回报就会越丰厚，这就是职场公平的游戏规则。

勤奋能征服一切，勤奋是获取成功的不二法门。所以，用勤奋与苦干去提高工作效率，也是使工作高效的一种方法。

思考

你是否感觉到自己做什么事情都比别人慢？你怎样认识自己的工作？在你看来，上司的监督对你是压力还是动力？

你曾经尝试用勤奋取代散漫与懒惰吗？你是否能够最大限度地发挥你的积极主动性，并努力实现执行的目标？

发现优势并发挥优势，做自己擅长的事才高效

什么叫优势？优势就是能压倒对方的有利形势。就像铁杵的最佳价值，就是在它的岗位上争创一流，发挥优势，而不是努力变成针去缝衣服。

举一个例子：

爱因斯坦在20世纪50年代，曾被邀请担任以色列总统，但他拒绝了。他说，他整个一生都在同客观物质打交道，因而既缺乏天生的才智，也缺乏处理行政事务的经验以及公正地对待别人的能力，所以，他不适合担此重任。

大文豪马克·吐温曾经说过，他做过打字机生意，也办过出版公司，可结果亏了30万美元，赔光了稿费不算，还欠了一屁股债。他的妻子奥莉娅深知丈夫虽没有经商的本事，却有文学的天赋，便帮助他鼓起勇气，振作精神重走创作之路。马克·吐温很快摆脱了失败的痛苦，在文学创作上取得了辉煌的成就。

一个人必须认清自己的优缺点，才不至于陷入被动之中，才能让自己的工作取得好成绩。这就是所谓不能用缺点取代优点之法。

在一个高档写字楼里，有一个开电梯的年轻女孩，因相貌酷似某位演员，大家乘坐电梯时，总是有意无意地说起她像女演员之事，但她一直默不作声。

一天，下班高峰时间，挤在电梯里的人又开始谈论这件事情，有人说："真的，你长得太像某某演员了，何不去试试演电影呢？"言外之意，开电梯委屈她了。这位姑娘终于忍不住开口了："您说的那位演员我知道，她只是位三流的演员，而我是一名一流的电梯工。"

听了女孩的回答，电梯里顿时鸦雀无声，从此，乘坐电梯时，再也没有人议论此事了。

常言道："寸有所长，尺有所短。"每个人都有潜藏着的某种优势，因此我们看人，包括自己，不要老是看到弱势的一面、缺点的一面，而应该更多地看到优势的一面，把重点放在开发和培养自己优势的一面上。如果你不了解这一点，不仅不能高效地工作，更有可能从此将自我埋没。

有一个故事就是这样说的：

王五和刘六是同学，刚好这一年他们都毕业开始找工作。王五是一个善谈的人，而且性格也十分外向，而刘六则口讷，性格也很内向。很快，他们两人都找到自己的工作，王五做了公司老总的秘书，刘六做了一家服装公司的推销员。

但是，在接下来的日子，王五和刘六一直为工作愁眉不展。王五参加工作之后，公司老总就一直提醒王五"言语要谨慎"，生怕他一不小心就将公司的"最高机密"给泄露出去。因此，王五每天工作都畏畏缩缩，总是提心掉胆。

而刘六呢，由于他不善言谈，所以在公司的业绩月排行榜上总是"压后阵"。为这事，刘六整天唉声叹气，报怨时运不济。

后来，他们的老师知道了这件事，于是就找到王五和刘六，并对他们说："既然王五长于言谈，为什么不做推销员呢？能言善讲不正是你做推销员的优势吗？"然后，又对刘六说："你既然话语不多，就应该找个话少的工作，像会计之类要严守公司秘密的工作。"

两人听了老师的话,顿时茅塞顿开,两年后,王五成了一家公司市场开拓部的分部经理,刘六则成了另一家公司的主管会计师。在新的工作岗位上,两人都觉得如鱼得水,过得有滋有味,别提工作效率有多高了。

任何事物都有自己的优势和劣势,优势与劣势就是一对矛盾统一体。就像著名的成功学家克利夫顿所说:"从成功心理学来判断一个人是不是成功,最主要的就是看他是否最大限度地发挥了自己的优势。"所以,在职场中,懂得发挥自己优势,扬长避短,就是一种提升执行力行之有效的方法。

有一位来自农村的妇女,没读完小学,语言表达都不太熟练。因为她女儿在美国,所以她申请去美国从事户外工作。她到移民局提出申请时,移民官看了她的申请表,询问她的"技术特长"是什么。她说会"剪纸画",说着她从包里拿出剪刀,剪刀轻巧地在一张彩纸上飞舞,不到 3 分钟,就剪出一组栩栩如生的动物图案。移民官连声称赞,她申请赴美的事很快就办妥了。

这个故事给我们的启示就是,一个人可以没有学历,没有工作经验,但一定要有一项特长,要有一处与众不同的地方,才有可能得到社会的承认,拥有其他人不能获得的东西。所以,不懂得用自己的长处去执行,是导致一个人才华横溢但效率极低的直接原因。

要想进一步加快工作进度,就必须了解自己的特长和优势。要知道,衡量一个人工作是否高效,不在于他做了多少事,而在于他是否能够高质量地按期完成任务。所以,一定要根据自身特长及时调整自己的做事方式,这样才能高效率地完成每一项任务。

正所谓:"金无足赤,人无完人。"谁也无法成为全方面的能人。我们要做的并不是不断地弥补自己的短处,而是去悉心经营自己的长处,这样就一定能有所突破、有所成就!

思考

你在哪一方面需要改进技巧、吸收新知识?你的长处在哪里?你是否懂得如何做自己擅长的工作,让长处得以发挥?

在某地发现了一个金矿，人们蜂拥而来，可是，一条大河挡住了他们的必经之路。如果是你，你打算怎么办？

做好自己应该做的事，别让上司为你擦屁股

什么叫做工作？所谓工作，就是一个不断遇到问题、面对问题、分析问题和解决问题的过程。

上级交给你一件工作，你就要想办法独立去完成它，不到万不得已，不要说没有办法。有些人只适合在顺境下工作，一切都没问题，他也就没问题，稍微出了一点状况，他就不知道该怎么办了，自然而然地就把工作退回给上级。

这样的员工都是不成熟的员工，他们像小孩子一样，有着强烈的依赖心理，遇事不想办法解决，本能地就找"大人"。可是，在职场上是不分年龄的，大家都是成年人，别人有别人要解决的困难，你的困难最好自己解决，如果老是让别人甚至你的上司来给你擦屁股的话，那又何必花钱来请你呢？

要知道，在工作中是员工去做事或执行任务，而不是由员工去安排上司的工作，把问题推给上司，这就是员工和上司、老板最简单最明了的工作关系。

然而，在不少企业里，由于下属总是做不好事情，老板不得不亲力亲为，甚至还要给下属收拾烂摊子。这是身为老板的悲哀，是下属的耻辱，更是企业的不幸。这种做法无异于在浪费企业的资源，自毁前程。

如果每个老板都聘用这样的员工，那么，恐怕再知名的公司也会倒闭，因为这些员工不仅不能创造价值，还会制造一大堆问题。

在1999年以前，凯玛特还是美国的第一大零售商，但是到了1999年这家公司就开始走下坡路了。有一个关于凯玛特的故事也流传开了。

在1990年的凯玛特总结会上，一位高级经理认为自己犯了一个错误，他向坐在他身边的上司请示应该怎样改正过来。这位上司不知道怎样回答，便向上级汇报："我不知道该怎么办，你看该如何处理呢？"而上司的上司又转过身来，向他的上司请示。这样一个小小的问题，到最后竟然一直推到了总经理那里。

后来，那个总经理回忆当时的情况苦笑着说："真是太可笑了，竟然没有人积极思考解决问题的方法，而宁愿把问题一直推到最高领导那里去。"

2002年1月22日，这个曾是美国第一大零售商的凯玛特公司不得不申请破产保护。

管理学家史蒂文·布朗曾经说过："领导并不是问题的解决者，而是问题的给予者。"

老板雇用员工的目的，就是解决工作中的各种问题。老板是负责公司整体管理、为公司制定发展战略的人，而不是全体员工的"问题汇总站"。

卡内基曾经在宾夕法尼亚州匹兹堡铁道公民事务管理部担任小职员。一天早晨，他在上班途中看到一列火车在城外发生车祸。此时，情况危急，但是其他人还没有上班，一时间，他不知道怎么办才好，打电话给上司，却联络不上。

怎么办？面对这种危急的情况，他知道即使多耽误一分钟，都将对铁道公司造成非常巨大的损失。尽管负责人还没有来，他也不能眼睁睁地袖手旁观。于是，卡内基以上司的名义，发电报给列车长，要求他根据自己的方案快速处理这件事，并且在电报上面签下了自己的名字。卡内基知道这样做严重违反了公司的规定，将会受到严厉的惩罚，甚至可能被辞退。

几个小时后，上司来到自己的办公室，发现了卡内基的辞呈及其今天处理事故的详细情形。但是，一天过去了，两天过去了，上司一直没有批准卡内基的辞职请求。卡内基以为上司没有看到他的辞呈，于是，第三天

的时候，他亲自跑到上司那里，说明原委。

“小伙子，其实你的辞呈我早已看到了，但是我觉得没有辞退你的必要。因为你是一个具有最优秀的职业精神的员工。你的所作所为证明了你是一个主动做事的人，因此对于这样的员工我没有权力也没有意愿辞退。”上司看到卡内基便微笑着对他说。

卡内基简直不能相信自己的耳朵，他没有想到上司不但没有辞退他，反而表扬了他。

工作中遇到难以解决的问题时，有些员工总是直接推给上司，被动地等待上司给出解决办法，然后照此办事。他们觉得，这样出了问题与自己无关，做好做不好那是上司的事，就算问题没有得到解决，反正汇报给上司了，自己不会被责怪。其实，这样的员工对工作是最不负责的，更不要说能高效地完成执行任务了。

要知道，老板也有老板自己的问题需要解决，而员工应该认识到解决问题就是自己的工作职责。在工作中遇到问题时，自己解决问题是分内的事。否则，把老板安排的任务当做皮球踢回来，那么老板请你来干什么呢？

不把问题留给上司，不让上司凡事为自己“擦屁股”，这是一种对工作负责的表现，更是一种积极主动的职业精神。虽然问题与麻烦会给我们带来很多烦恼和痛苦，但是，这也是我们得到锻炼的机会，而这一切只有我们自己才能把握。

有一句话说得好：“心放到哪里，他就会做到哪里！”做好自己应该做的事，当上司认为你是最有价值的人时，你的工作就能真正称得上是高效率的了。

思考

你有草草敷衍和应付了事的习惯吗？你如何理解“要做就做最好”这句话？你对任务的执行达到领导满意的效果了吗？

你认为一项工作怎样才算真正做好了？一项工作达到60分，与达到80分或100分的区别是什么？

竞争就是磨刀石,越磨才会越锋利

21 世纪,人与人比的就是看谁更好、更快。有学者这样说过:"竞争就是社会过程的一种,更是社会互动的一种方式。"

竞争是人与人能力和智力较量的综合呈现,竞争可以鼓励创造与前进,使人类走向新的生活形态。现代社会生活的特征,就是互相竞争的产物。竞争就像磨刀石一样,它能把我们磨得非常锋利。

竞争是人类的本能之一,人的潜力是永远没有极限的,要释放人的潜能就要进行潜能激发,让人进入能量激活的状态。这时候就需要竞争者的存在。

很久以前,挪威人从深海捕捞的沙丁鱼,总是还没到达岸边就已经口吐白沫,渔民们想了无数的办法,想让沙丁鱼活着上岸,但都失败了。然而,有一条渔船总能带着活鱼上岸,他们带来的活鱼自然比死鱼的价格贵出好几倍。

这是为什么呢?这条船有什么秘密呢?

原来,他们在沙丁鱼槽里放进了鲇鱼。鲇鱼是沙丁鱼的天敌,当鱼槽里同时放有沙丁鱼和鲇鱼时,鲇鱼出于天性会不断地追逐沙丁鱼。在鲇鱼的追逐下,沙丁鱼拼命游动,激发了其内部的活力,从而活了下来。

这就是"鲇鱼效应"的由来。"鲇鱼效应"的道理非常简单,就是人因为有了竞争者,所以才充满了活力。

竞争是促进进步最重要的动力。你想,一个没有竞争的企业,又怎能从容面对一个充满竞争的世界呢?

在某报刊,有这样一篇文章:一位博士生回国前被邀在美国大学讲学。于是,他想借机向美国宣传一下社会主义的优越性。

来到讲台上,他讲道:"我在美国看到,你们也不是什么都好。比如,

大学中许多有过突出贡献的讲师、教授，一旦不出成果了，你们就解聘他。在中国就没有这种现象，老师的安全感很强。”

这时，讲坛下的一位美国教授举手要求发言。他不解地问道：“一位不合格的老师，不解雇他，该怎么办呢？让他继续教课，不是误人子弟吗？”

讲坛上的博士生答道：“在中国，也不会让他再教学的。”

“那他干什么？”

“可以……比如说，可以把他放到图书馆嘛！”

台下哄堂大笑。

其实这位博士生不知道，在美国，图书馆的老师是学识最渊博的人，他们往往要担负起指导学生阅读的重任。

一个人的素质决定了工作效率和质量，其思想深度就决定了能力的强弱。一个人要在强者如林的现代社会中成为佼佼者，就必须具备超越众人的内在功力。内在功力的形成，就是在不断的磨砺和实践中培养出来的。通过竞争可以充分地开发潜能，激发热情，提高工效，最终实现超越自我。

1912年，卡内基钢铁公司上任不久的总裁查理·斯瓦伯到下属一家钢铁厂去视察。这家下属钢铁厂连年产量很低，效益极其低下。对此，厂长无计可计可施，因为他的那些下属们总是懒懒散散、软硬不吃。

这一天，当查理·斯瓦伯来到生产车间时，正值日班和夜班的工人交接班。于是，斯瓦伯就向厂长要了一支粉笔，问日班的领班：“你们今天炼了几吨钢？”

领班回答说：“6吨。”

查理·斯瓦伯问完话什么也没说，用粉笔在车间墙上写了一个很大的“6”字，便离去了。

夜班工人接班后，看到墙上的“6”字，就好奇地问日班的工人是什么意思。日班工人说：“这是总裁刚才听我们说今天炼了6吨钢，于是他就在墙上写了一个‘6’字。”

到了第二天早上，查理·斯瓦伯又来到车间，他看到昨天墙上的“6”字已经被夜班工人改写为“7”字了。

当日班领班看到墙上的“7”字时，他知道输给了夜班工人，心里很不是滋味。这时，他便下决心要超过夜班工人，于是催促大伙儿要加倍努力，结果这一天竟炼出了10吨钢。

就这样，在日夜班工人不断的竞赛之下，这家工厂的情况逐渐改善。不久之后，其产量竟然跃居全公司所有钢铁厂之冠。

查理·斯瓦伯只用一只粉笔在墙上写了一个数字，就激发了炼钢工人奋发向上的热情，这就是竞争带来的结果。

竞争虽然是残酷的，但是它也有好的一方面，它可以使人不断成长，在失败中积累经验。如果世界上不存在竞争，也就不会有我们的今天，竞争使人类不断进步。

竞争不是件坏事，竞争是我们进步的过程，在竞争中我们才可以不断地吸取教训，不断地提高自己的成绩，才能知道与别人的差距，应往哪个方向努力，最终使我们变得更优秀，并取得最后的胜利。

没有竞争就没有活力，没有活力就没有效率。竞争就是我们激情的磨刀石，它能不断提高我们自身的能力，促进我们不断进步，这种促进的动力越大，我们的效率就会越高！

思考

你的主要竞争对手是谁？你觉得竞争是一种智慧和才能的比赛吗？你具有凡事“敢为天下先”的精神吗？

在你所处的行业和工作中，第一名是谁？说说你具有哪些竞争优势？你觉得自己应该从哪些方面提高自己的竞争力？

第5章

高效执行，融入责任感与激情

执行需要激情吗？这个答案是非常肯定的！

激情是成就一切事情的基础，是工作的原动力和灵魂。没有激情的工作，结果是可以想象的。没有执行的激情，只等着领导安排工作，做一天和尚撞一天钟，这样的人试图达成高执行力几乎是不可能的，注定只能平庸。

工作激情是提高工作效率的首要，是做任何事的必要条件。任何人只要具备了激情，那么他都有可能获得成功，平凡的轨迹会因此而改变，业绩会更出色，工作效率会更高。

没有卑微的工作，只有卑微的工作态度

一个人的工作态度能折射出人生态度，而人生态度能决定一个人一生的成就。

一项来自哈佛大学的研究发现：一个人的成功，85%取决于他积极的态度，而只有15%取决于他的智力和所知道的事实与数字。

在这个世界上，没有卑微的工作，只有卑微的工作态度。可以说，当我们在工作中没有更多明显的优势时，积极的工作态度就是我们最大的资本。

有三个从同一个村子出来的小伙子来到建筑工地打工，他们的工作就是砌砖。

工地上的建筑工程师问第一个小伙子："你在干什么？"

小伙子回答："我为拿工资而工作。"

他用同样的问题问第二个小伙子，小伙子回答是："我在砌砖。"

当他问到第三个小伙子时，这位小伙热情洋溢地回答："我在建一座教堂！"

三个人在做同一种工作，但只有第三个人看到了自己努力工作可以实现的目标。他看到了那幅宏图，宏图使他的工作体现出了更大的价值。

结果，第三个小伙子后来成了建筑工程师。

这三个小伙子的故事告诉我们，缺乏激情的人永远不懂得自己真正在做什么，等待他们的未来必定是飘乎不定的。

把工作做好，不仅仅取决于能力，更多的部分取决于态度。

我们常说要"敬业"，什么是"敬业"？

所谓"敬业"，就是要像信徒对待神灵一样，做之前如履薄冰，做之时全情投入，做之后反躬自问，抱着这样一个态度去工作，"业"才会容你，才会成就你。

通用电气公司前 CEO 杰克·韦尔奇 15 岁时在一家鞋店里工作,这是他富有挑战性商战人生的开端。

在这个小店里,韦尔奇每天都接待许多买鞋的人,在常人看来可谓乏而无味。但是,韦尔奇却不这么看。他知道,虽然这些人形态各异,但他们都有着共同的目的——给自己或别人买鞋。这是人们进鞋店的原因,也是鞋能卖出去也应该卖得出去的根本原因。

由此,韦尔奇便坚定了把鞋卖出去的信心:“我不能让消费者什么也不买就走出商店。”

在卖鞋的过程中,韦尔奇得到了这样两个重要的启示:一是满足需求,二是创造需求。

因此,当顾客走进鞋店时,韦尔奇总是热情接待,耐心讲解,力求满足顾客的任何需求,使顾客买到称心如意的鞋。

在推销过程中,一旦顾客犹豫不决或不甚满意,韦尔奇就会想办法让顾客了解其他鞋的特点和好处,使之产生新的购物需求。如果还不行的话,他会让顾客留下对鞋的样式和颜色的要求,事后及时反馈给厂家,做出这样的鞋来。

总之,韦尔奇就一个目的:积极地面对来自各种需求的挑战。

就这样,每当顾客满意而归,韦尔奇都会有一种成就感。在他看来,不仅每个人都不一样,每双鞋也不一样,而且每一天都不一样,因为每一时、每一刻都有着新的挑战,并且这种挑战最令韦尔奇兴奋不已。

多少年后,韦尔奇还感慨地说:“这份工作给我上了一节生动的生意课——一切都是为了卖出去。”

成功后的韦尔奇曾说:“对我来说,极大的热情能够一美遮百丑。如果说哪一种品质是成功者共有的,那就是他们比别人更有激情。对他们来说,没有什么事因细小而不值得去挥汗,也没有什么大到不可能干好的事。激情就是成功者的标志!”

一份工作能不能做好,能不能成功,关键就看做事人的态度。激情是

成功者的标志，更是高效持久的动力。投入100%的热情，把工作当成一种娱乐，并享受在其中，这样的人才能在不知不觉中取得惊人的成就。

人的能力其实是相差不远的，差距最远的往往是工作的态度。看看那些优秀且高效的员工，他们在工作时总是神情专注，走路时总是昂首挺胸，与人交谈时也总会面带微笑……因而，老板觉得他是一个值得信赖的人，并委以重用。

在美国西部的得克萨斯有一句古老的谚语："湿火柴点不着火。"当你觉得工作乏味、无趣时，不是因为工作本身出了问题，而是因为你的"易燃指数"不够高，只要点燃你心中的热情，一切便都会好起来。

激情的工作态度，是获得成功和高效的前提，更是让自己以轻松愉快的心情投入工作、积极主动完成任务的先导。就像爱默生所说："有史以来，没有任何一项伟大的事业不是因为热情而成功的。"

有激情，工作才能有无限可能，激情的态度是做任何事的必要条件。任何人只要具备了这个条件，都能获得成功，做事也必然高效。

思考

你具有感染他人的激情吗？当你心态委靡时，会努力找回已逝去的工作激情吗？

你觉得"态度决定成败"这句话的含义是什么？你喜欢以一种什么样的态度对待工作？你有什么方法可以改善现有的态度吗？

让工作成为一种兴趣，心情好工作才能做得好

提高工作效率的办法有很多种，但最有效的办法就是把工作当成乐趣。

要做好工作，就要把握这样一个原则：工作横竖要做，不乐白不乐。也就是说，将工作化作兴趣，从而享受其中的乐趣，这是提高工作效率的

第一捷径。

工作中,常听人说:“我的工作很枯燥。”“我的工资太低。”“我的上司很不近情理。”“我的同事很难相处。”很显然,他们的工作不快乐。而事实上,如果你能积极乐观地面对工作,没有任何人、任何事会成为你快乐的绊脚石。

比如,同样是失恋了,有的人放得下,认为未必不是一件好事;有的人却伤心欲绝,认为自己今生可能都不会有爱了。再比如,在找工作面试失败后,有的人可能会认为,这次面试只是试一试,没关系,下次可以再来;有的人则可能会想,我精心准备了那么长时间,竟然没过,是不是我太笨了,我还有什么用啊,人家会怎么评价我。这两类人因为对事情的评价不同,他们的心情也当然不同。

无论是生活还是工作中,谁都会遇到不如意的事情。遇到开心的事就高兴,遇到倒霉的事就伤心,这是人之常情。但如果一个人把这些令自己不快乐的因素都归结到同事和老板身上,从来不从自身找原因,这就是一种错误了。因为,一味地怨天尤人是无济于事的,只有想方设法使之充满乐趣,使自己充满激情,才能比别人取得更好的效果。

很多年前,许振超,一位只有初中文化的青年农民来到青岛港,当上了一名吊车工。这位普普通通的工人在单调的劳动方式中找到了工作的乐趣,他把港口当做家,把吊机当做人,没有春夏秋冬,不分白天黑夜,三十年如一日,默默地奉献着自己的青春。

为学会起吊工作,他加班加点,勤学苦练,七天就学会了独立操作门机;会开容易,开好难,十遍不行一百遍,不气馁,不放弃,终于练成了“一钩准”、“一钩清”等绝活,从默默无闻的普通工人,变成了令国内外同行啧啧称道的桥吊专家,一年内两次刷新世界集装箱装卸纪录,给企业带来巨大经济效益的同时,“振超工作法”扬名国际航运界,自己也实现了更大的价值。

许振超说:“做心里喜欢的事,就不觉得累。”

其实,很多人不是自己工作效率不高,而是因为自己的心情被破坏

了，所以失败在无法把握自己的心情上。因为，我们听到的、看到的、感受到的一切都有可能使我们的心情变糟，尽管有时我们并没有意识到这一点，但这些事情却会潜移默化地影响着我们的工作效率。

在这个世界上，不可能每个人都时刻生活在快乐之中。当我们在工作中心情变坏时，应学会改变自己的心情。

曾经看过这样一个故事：

有一个运气糟糕的水管工，一次，他被一个农场主雇来安装农舍的水管。水管工先是因车子的轮胎爆裂，耽误了一个小时，接着电钻坏了，修了半天，待他干完活准备回家时却发现自己那辆载重一吨的老爷车也坏了。雇主只好开车把他送回家。

到了家门口，满脸沮丧的水管工没有立即进去，他沉默了一阵子，伸出双手，轻轻抚摸着门旁一棵小树的枝丫。

待到门打开时，水管工便笑逐颜开地拥抱着两个孩子，再给迎上来的妻子一个响亮的吻。

在家里，水管工愉快地招待了雇主。雇主离开时，水管工出来送他。这时，雇主按捺不住好奇心，问道："刚才你在门口的动作，有什么用意吗？"

水管工爽快地回答："有，这是我的'烦恼树'。我在外头工作，烦心的事情总是有的，可是烦恼不能带进家门，不能带给妻子和孩子，于是我就把它们挂在树上，让老天爷管着，明天出门再拿。奇怪的是，当我第二天到树前去取时，这些'烦恼'有一大半早已不见了。"

从这个故事中，我们可以认识到这样一点，我们需要为自己的情绪找一个出口，比如上面这个水管工的"烦恼树"就是他的情绪出口。

德国诗人歌德有这样一句著名的格言："工作若能成为乐趣，人生就是乐园；工作若是被迫成为义务，人生就是地狱。"这句话听起来虽有些极端，但也不无道理，所强调的就是乐趣与工作的关联性。

对于每个人来说，心情总有不好的时候，有坏情绪并不可怕，只是我们不能让这些坏情绪破坏了工作的心情。所以，我们要学会在工作中改变自己的心情,为自己的工作赋予意义。只要我们学会改变自己心情,并享受其中的过程,我们就会像一个待产的母亲,快乐不只是来自婴儿的诞生,同样也来自怀孕过程中的期待。

有句俗话说得好:"择我所爱,爱我所择。"只有做自己喜欢的事情,我们才能发自内心地投入热情,才能不惜代价、不计回报地把它做出色,才能把工作做出高效率。

思考

你觉得自己对工作有高昂的情绪吗?你热爱自己当前的工作吗?你喜欢有规律、有标准、重复性的工作,还是喜欢富有挑战性的工作?

你如何理解"干一行,爱一行"?你了解自己的兴趣是什么吗?你觉得自己应该从哪些方面培养对工作的兴趣?

别让压力降低工作效率,甩掉包袱行动更快

完全没有压力等于死亡,极度高压也等于死亡,关键是要在两者中间找到平衡点。

很难想象缺乏活力的人会激情满满地投入到工作当中,他们每天仅仅如同行尸走肉般重复再重复手头的事务。

所谓"激情",就是要尽量让自己心情畅快起来,营造一种好的心态,懂得调节自己的情绪,劳逸结合,该放松时就放松,该工作时就百分之百地专注,不要一边钓着鱼一边忧虑工作会如何如何,那样肯定不会轻松。

研究表明,适度的压力对于人们保持动力和获得最佳表现至关重要,但是压力过大则会迅速摧毁整个表现,同时也会毁掉当事人。

有一幅漫画,画的是一个跋涉在群山之间的旅人正倾倒他鞋子中的砂石,旁白是:"使你疲倦的往往并不是远方的高山,而是鞋子里的一粒砂石。"这是一种非常有趣的逻辑,它揭示了一种现代人的真实生活:将

人击垮的，常常并非巨大的挑战，而是琐碎事件造成的倦怠和疲劳感。

不少人有过这样的体验：当一个人面对巨大灾难的挑战时，会恐惧、紧张，会涌起抗争的冲动或挣脱的力量；至少，这是一种生的激情，即使他因此而失败。但是，如果困扰人的只是一些非常琐细的事件，比如烦心的事、外界的干扰、情感或矛盾，它们有时显得很微不足道，但又无办法摆脱它，精神就会被不断地无休无止地耗损，人就变得疲倦懈怠。最后，人常常不是因为失败而放弃，而是因为疲倦而放弃，放弃就意味着失败。

其实，人最糟糕的境遇不是贫困，不是厄运，而是精神心境处于一种不知不觉的长期压抑的疲惫状态，当感动过你的一切不能再感动你，当吸引过你的一切不能再吸引你，甚至那些激怒过你的一切也不能再激怒你，就会让你止不住地滑向虚无。对此，我们就要在日常生活中寻找激情，采取自救的方式。否则，随着时间的流逝，这种疲惫感会愈来愈浓。最后，少年的旺沛生气，就会被中老年的疲惫暮气所代替。

在心理学界有人提出过这样一个问题：怎么判断自己爱上了一个异性？心理学家们的答案是：当你们相处时，看自己是不是感到一种激情，无论是经常还是曾经偶然，有激情就会像烙印一样深刻难忘，而没有激情就如风过后的涟漪，转瞬即逝。

生活、事业、人的一切，都需要激情。激情和自信是一个人取得成功的根本，如果一个人每天都生活在沉闷压抑之中，每天都表现得很疲惫，从工作中获取不到一丝丝的乐趣，那么，这样的人通常也无法获得预期的结果，更别说高绩效了。

压力可以产生效率，但是过多的压力一点也产生不了高效率，不仅不能产生高效率，反而彼此是敌人。因为，过多的压力会导致紧张，紧张意味着需要付出更大的努力，而效率却恰恰相反。比如，1 小时步行 4 英里是有效率的，这是因为不紧张；1 小时被硬逼着走完 6 英里，但不一定有效率，因为以这种速度行走一两个小时就会耗完人的体力，这对更长远的行进是不利的。

不同的压力对于人们的行为表现、工作绩效的作用和影响也各不相同。在压力不足的情况下,人们会变得百无聊赖、斗志涣散。一张报纸一杯茶,一年过去了,回头看看,没做出任何成绩。所以,在一般的情况下,适度的压力是有益的,能够促使人们提高工作效率,就像运动员打破纪录一样,总是在具有压力的比赛之中才会取得最好的成绩。

压力适当对人有益,压力过度不但无益,反而有害。过度的压力不但起不到积极作用,相反会严重地影响工作效率,导致问题频繁地出现。譬如,焦虑、失眠、烦躁等都是压力带来的结果,而且这些因素最容易导致工作效率下降。当你承受着这样的压力时,越是逼迫自己拼命干,就越不会成功。因为拼命只会增加压力,同时也降低了效率。

面对这些压力,你首先必须做的就是,放下工作,思考问题。比如,遇到比较棘手的问题时,不要灰心丧气,而应该冷静地分析难点所在,不要企图一次就把问题全部解决掉,而应循序渐进地一步步地完成,这才是做好工作的良方。所以,你必须拿出一点时间来调整自己,在这个时候花点时间是值得的,这样做能帮助你正确观察形势,准确地做出下一步的决定。

当你发现自己无法控制压力的时候,就要仔细地审察一下自己,细致地分析一下自己的现状,理清当前面对的问题与压力,然后,对想要实现的明确目标,安排好实施进度。

比如,你可以为自己制作一张工作进度表,并依据事情大小缓急来区分,找出应该先做哪一件,哪一件可以后做,哪些事可以放在一起同时做。这样,你就可以把精力专注于那些最重要、最需要优先处理的事项上了。

此外,还需要注意的是,你千万不要把自己的黄金时间浪费在看报纸、浏览新闻网页上,千万不要让一些琐事绊住了自己前进的脚步,不管它们看起来有多好,都不要去理会。否则,它们只会阻碍你清楚、理性地思考,只会让智慧、洞见和创造力难以发挥。

拼命工作并不是高效的唯一方法,把握紧张与放松之间的平衡才是塑造激情最好的方法。这样,你就能体会工作的乐趣,工作效率才会越来越高。

思考

你对压力的反应是什么？面对压力,你是如何调整自己的情绪和心态的？在压力到来时,你是选择逃避还是在压力中突破自己？

你是否能够对工作集中精力,并长久保持这种状态？工作中你是否常对自己说“我能行,我可以,我是最好的……”？

保持清醒的头脑,以最佳的状态工作

一个人在清醒的状态下做事,才会高效率。否则,就算我们花费在做事上的时间再多,效果也会很差。所以,清醒的精神状态对我们来讲相当重要。

对于每一个人来说,21 世纪最宝贵的是什么？其实,除了时间,还有精力。这里所说的精力,主要包含两个方面:一个是体力,一个是智力。人要砍倒一棵树需要消耗一定的体力,人要办成一件事同样需要消耗一定的精力。

精力是一个人唯一的靠山,是成功的基础。在成功学中,有一个卡瑞尔公式是这样说的:

有一天,曾是纽约水牛钢铁公司工程师的威利·卡瑞尔到密苏里州去安装一台瓦斯清洁机。经过一番努力,机器总算可以勉强使用了,然而,这还不能达到公司保证的质量。因此,他对自己的失败感到十分懊恼,甚至无法入睡。

后来,他意识到烦恼不能解决问题,于是想出了一个不用烦恼也可以解决问题的方法:

第一步,先找出可能发生的最坏情况是什么——充其量不过是丢掉差事,也可能老板会把整个机器拆掉,使投下的 2 万块钱泡汤。

第二步,让自己能够接受这个最坏情况。他对自己说,我也许会因此丢掉差事，那我可以另找一份；至于我的老板，他们知道这是一种新方法的试验，可以把2万块钱算在研究费用上。

第三步，有了能够接受最坏情况的思想准备后，平静地把时间和精力用来试着改善那种最坏的情况。他做了几次试验，终于发现，如果再多花5万块钱，加装一些设备，问题就可以解决了。

结果，公司不但没有损失2万块钱，反而很快达到了目标。

威利·卡瑞尔是个聪明的工程师，他开创了空调制造行业，并成为了世界著名的卡瑞尔公司的负责人。这条卡瑞尔公式指的就是：唯有强迫自己面对最坏的情况，在精神上先接受它以后，才会使我们处在一个可以集中精力解决问题的地位上。

同样，林语堂先生在他那本深受欢迎的《生活的艺术》里也说过类似的话："心理上的平静能顶住最坏的境遇，能让你焕发新的活力。"

所谓强执行力，就是能够超出他人的期望，展现出与众不同的精神状态，只有在这种状态下，执行力才能成为竞争力。所以，一个富有激情的人，必定是一个头脑清醒的人，因为，这样他就能以最佳的状态去工作，去执行任务，由此必定成为一个高效率的人。

我们每个人都面临着风雨起伏的坎坷人生和复杂多变的职场路程，其实，大自然从本质上赋予每个人的最初能力是一样的，而人与人之间存在的差异就在于每个人在心态上的差异。所以，那些高效率的人更懂得保持清醒的头脑，以最佳的状态去面对众多的人和事。

我们从小就知道"田忌赛马"的故事。田忌是齐国的大将，一次，他与齐威王约定赛马。当时人们通常把马分为上、中、下三等，然后一一较量。可是，齐王每一个等级的马都比田忌的好，所以比了几次，田忌都输给了齐王。

后来，一旁的孙膑给他出了个主意，用下等马对齐王的上等马，用上等马对齐王的中等马，用中等马对齐王的下等马，这样必定能够在三局中取得两次胜利。田忌按照这个策略果然取得三局两胜，赢了齐王。

当时，如果在场的人面对齐王的良马都慌了神，而没有孙膑这个头脑

清醒的人，田忌还能赢得赛马吗？这就很难说了，说不定真像齐王预设的一样，田忌必败无疑。

良好的精神状态本身并非财富，但它会带给你财富，会让你得到意想不到的工作成果。一个人在面对抉择时，只有保持冷静、清醒的头脑，对事物做出正确的决策，才能避免自己出错误。

当面对一个问题，总是觉得这太难了，怎么也想不出解决的办法时；当着急想去做一件事，总是有许许多多的障碍在你的眼前，让你难以跨越时，最重要的任务就是让自己保持清醒的头脑，这样你就能在迷雾中看清目标，在众多资源中发现自己的独特优势，即使身陷困境，也能找到解决问题的方法。

良好的精神状态是诞生高绩效的沃土。始终以最佳的精神状态去工作，让激情像野火一般四处蔓延，这样不但可以使自己的工作绩效迅速提升，还有可能影响到团队中的其他人，使整个团队情绪高涨，自然所有人的执行力也都得以提高和增强。

没有谁愿意跟一个整天提不起精神的人打交道，更没有一个老板愿意提拔一个整日委靡不振的员工。所以，一个富有激情的人必定是具有良好精神状态的人，他会以积极的精神状态掌控自己的情绪，让高绩效的“萌芽”茁壮成长。

正所谓：“欲速则不达。”面对难题和困境，千万不能心浮气躁，而应使自己冷静下来，整理自己的头脑，这样就能以最佳的状态投入工作，自然也就能事半功倍。

思考

在工作中，你是愁眉不展、无所事事，还是掌控自己的情绪，让一切变得积极起来？

回想这段时间以来你对任务的执行，你觉得最成功的是哪一次？在那次执行中，你采取了怎样的执行形式？取得了什么效果？简要描述那次执行的过程。

微笑只是件小事，却能产生极大的热情

激情是一种天性，是生命力的象征，有了激情才有灵感的火花，才有鲜明的个性，才有人际关系中的强烈感染力，才有解决问题的魄力和方法。

微笑，是苦难中探寻的希望曙光，是成长中顿悟的人生真谛，是生活中彼此沟通的无影桥梁，更是生命中轮回不息的蓬勃朝气、永不停息的激情。当你笑对世界，世界也会对你微笑，周围的人也会更多地支持你。

2000 年，央视一档新的智慧游戏节目《开心辞典》推出，小丫出任“主考官”。

对于中国人而言，从小到大最烦的一个字，就是“考”。社会的竞争，生活节奏的加快，让人们厌倦了激烈的对抗。从小学到大学的考试更遭大众的反感。而如今，电视节目里还是考，人们能接受吗？人们需要什么样的考官？

2004 年 7 月 9 日，当《开心辞典》创办四周年纪念版特别节目录制的时候，在现场，小丫忍不住热泪盈眶。回眸的一瞬，百感交集。小丫心里明白，《开心辞典》不是一个非要考验智力的节目，栏目主打的是“开心牌”。所以，自己不能是一脸严肃、正襟危坐的考官，而应颠覆真实考官的形象。她用热情、微笑、鼓励，驱散了考场的恐怖，让人们回归对知识的欲望。

《开心辞典》成功了，王小丫也成功了。正是这档节目，让小丫走进了千家万户。

在动物王国中，露齿是攻击的象征，但在人类的世界中完全相反。没有一件事比温馨的微笑更能快速地解除对立者的武装。微笑，可以使你笼罩在受欢迎的光环中，当你微笑着请求援助时，你所能得到的帮助，一

定比预期的更多。

孔子曾经说过，最重要的，不是别人有没有爱我们，而是我们值不值得被爱。别人用什么样的态度对待我们，在很大程度上，是缘于我们种下的前因。海伦·凯勒也说："人人都应该花点时间享受一些特别的乐趣。哪怕每天只花五分钟也好，去觅一朵美丽的花儿、云儿、星儿，或学习一首诗，或为别人枯燥的工作带来快乐。"

微笑，是上帝给予人类的最贵重的礼物，是我们最大的无形资产。一抹真诚的微笑，不仅给人亲切、鼓励、温馨的感觉，还是自信和激情的表现。

有一次，某电视台的主持人采访比尔·盖茨。比尔·盖茨在讲述自己的成功经验时，说过这样一段话："我成功是因为当所有的人都沉浸在失败的痛楚中，我却早已开始了新的设计；当所有的人都享受在成功的喜悦中，我却早已尝试了失败。中国有句名言：'胜不骄，败不馁'，我之所以不被胜利和喜悦击倒，也不会被失败和懊恼摧残，这里面只是一个微笑而已。"

这段话可称为经典。无论是事业上还是现实生活中，比尔·盖茨都是如此。当年，微软的全部软件几乎都被病毒侵害，在外人看来微软可谓危在旦夕，但是比尔·盖茨面对病毒却是一笑而过。三天之后，由比尔·盖茨研制的新一代杀毒软件就拯救了这一切。而当微软的系统 Windows xp 研制成功后，比尔·盖茨只是轻松地笑了笑，接着就开始了下一个系统的研制。

世界首富和常人不同之处，是他们面对任何情况脸上都会多一份发自内心的微笑。其实，这也是悲观者与乐观者的一个巨大区别。就像爱迪生在选灯丝的材料时经历了上千次失败，每一次失败后，他的助手都神情懊恼，而爱迪生却笑着说："有什么令人烦恼的，失败一次，就证明我们排除了一个错误答案，离成功近了一步！"

挫折给人泪水，微笑则给人力量。微笑就像阳光照在大地上的温暖，能给人以蔑视困难的勇气。当我们在工作中面对压力时，一个微笑就能给我们无比的力量和自信。

被称为工作狂的日本人，在处理如何满怀热情地投入日复一日的平凡工作这个问题时，有一种相当不错的手段，那就是他们每天上班前，都会对着镜子很自信地挺胸对自己微笑，然后大喊五声："我是最好的！"并且，全身为之一振，这样振作一下之后，他们每天开始的感觉都会有很大的不同。

俗话说，生活如同一面镜子，当我们面对生活微笑时，它就会回报于我们微笑。职场中更是如此，只要我们时常保持微笑，就会有无比的激情和力量，就能在激烈的竞争中处于不败之地。

给自己一份微笑，让自己多一份坦然，少一份拘谨；增加一些快乐，减少一些悲伤；多加一些自信，减少一丝自卑，这样我们就能激情万丈，就会更有活力、更高效！

思考

当你走在大街上，迎面而来的一个陌生人向你微笑时，你的感受是什么？是否感觉到有一种无形的力量在推着你跟他接近？

你是否养成了微笑的习惯？今天你对自己和他人微笑了吗？反思一下自己，你拥有激情吗？如果没有，那你还等什么？

让积极且专注的思维成为你的潜意识

古时候两个秀才一起去赶考，路上遇到了一支出殡的队伍。他们看到那口黑乎乎的棺材，其中一个秀才心里立即"咯噔"一下，凉了半截。他心想：完了，真触霉头，赶考的日子居然碰到倒霉的棺材。于是，心情一落千丈，走进考场后，"黑乎乎的棺材"一直挥之不去，结果文思枯竭，名落孙山。

另一个秀才想法完全不同，他心里念着："棺材，棺材，这不就是有'官'又有'财'吗？好兆头，看来我要鸿运当头了，一定会高中。"于是心里十分兴奋，情绪高涨，走进考场后，文思如泉涌，一举高中。

著名心理学家艾利斯有一个著名的“ABC 情绪理论”。他认为，人的情绪主要根源于自己的信念及对生活情境的评价与解释。即事情的前因，通过当事者对该事情的评价与解释，以及对该事情的信念这个桥梁，最终能产生决定性的结果。

第一个秀才之所以名落孙山，是因为他在考场上文思枯竭，而文思枯竭是因为他情绪不好，情绪不好又是因为他看到令他感到“触霉头”的棺材。而另一个秀才之所以金榜题名，是因为他在考场上文思泉涌，而文思泉涌是因为他情绪高涨，情绪高涨又是因为看到令他感到“好兆头”的棺材。

人们常说：“思想产生行为，行为变成习惯，习惯养成性格，性格决定命运。”积极思维者，得到积极的结果；消极思维者，得到消极的结果。一个人有怎样的思考问题方式，就会有什么样的人生。即使是最基层的员工，如果将工作当成人生中很重要的一部分，而不是只当成一种谋生的手段，那就能积极地去看待和理解自己的工作；即使是一份简单重复的工作，也会将它做得很完美，而自己也会在这种完美中不断提升。

在执行任务时，不能说大部分的人缺乏积极思维，只是他们的热情总是随着具体的事情而变化：得到领导的赞扬，他就兴奋，有热度；受到批评，他就沮丧，毫无生气。可以说，他们的积极态度不是来自内心，而是靠外界的刺激，只是一种情绪。

而那些高效率的人不是这样，他们的积极态度是发自内心的，不会随着外界的事物而变化的。他们从骨子里就深信自己会成功，是高效率的人，所以他们会想尽一切办法使自己快速而有效地工作。具有这样的积极思维方式，注定他们不会是低效率的人。

其实，很多时候就是这样，往往是我们的内心想法决定了我们人生与事业格局。在做任何事的时候，我们都应把注意力集中在希望实现的方向上，而不是分散在无关紧要的地方上。人的大脑有一个特殊功能，就是对你热情渴望的事物，大脑会加倍运转，帮助你实现想法。

有一位车行老板，年轻时曾是一名赛车手，获得过很多奖项。有一次聊天时，他便讲起一名职业赛车手最应注意的事情。

他说:"除了胆量之外，最重要的技能就是在车子高速转弯时，你要熟练运用大脑的力量而不是手的力量让车顺利转弯，否则车子就会翻。

"为什么方向盘是双手在掌握，却要用大脑的力量来让车转弯呢?"

"高速转弯时，车子几乎处于悬空失控状态，这时你一定要在脑中想象车要行驶的方向，眼睛也要看那个方向，那你的双手就会自然而然地掌控车子朝那个方向驶去。如果你想的是千万不要翻，千万不要翻，车子准会翻。"

如果你学过开车，就会有这样的经历，教练告诉你开车时眼睛要向前看，朝你想要去的地方看，车子自然会朝着你想去的方向开。特别是在一条路两边停满了车的小路上，你很担心车会走歪而撞到旁边的车。这时如果你的眼睛往想去的正前方看，车子就会走直，如果你的眼睛一直看着旁边的车，那车子就会撞向旁边的车。

同样，杂技团里走钢丝的演员也经过这样的训练，在走钢丝时表演者脑子想的和两眼看的都是钢丝另一头的平台位置，而不是钢丝下面，否则，他们就会失去平衡掉下去。这条规律用在工作也会有同样的效果。假如你是一名车间工人，只要想着我今天要做出世界上质量第一的产品，这时你的产品中就会很少出现次品；如果是一名销售人员，想着我今天要卖出最多的货，成为全公司的第一名，那你的销售数量就不可能低。

脑海中的一种想法经过多次重复，就能变成人的潜意识，成为一种习惯。积极与专注的思维方式也能培养，从而使我们自觉地全身心投入工作之中，并使潜力获得充分的发挥。

要想高效率、高质量地完成工作，内心就要有这样一种激情——时刻高标准要求自己，久而久之，你就会慢慢变成真正的高手。

思考

在工作中，你是不是一个积极思维者？你是否深入了解每个问题？

对于成功，你具有热烈渴望的激情吗？你是如何培养这种"热心"的？你觉得自己怎样才能进入这种状态？

第6章

高效执行，让积极沟通先行

安东尼·罗宾曾说："沟通是一门艺术，你不拥有这项基本技巧就不可能获得事业上的成功。"

高效率的人都具有的一个显著特点，就是具有卓越的沟通能力。无论是在社交活动中，还是在工作岗位上，他们都能尽情地发挥特有的与人"沟通"的艺术和能力，巧妙地赢得别人的喜爱、尊敬、信任与合作，从而开创出人生的丰功伟业。

正所谓："只有不说的事，没有说不清的事。"这就是沟通的作用，它可以使你与他人交换意见，可以消除隔阂和误解，可以增进了解和感情。所以，要做到高效执行，就必须善于沟通，乐于沟通。

主动与上级沟通，了解彼此的想法

沟通，作为执行力流程的关键环节，无论把它摆在多么重要的位置都不过分，甚至可以这样说，正是沟通决定了执行的成败。

要有效提升执行力，就要修炼好沟通能力，掌握好沟通的分寸。沟通能力不是人天生就具备的，而是在工作实践中培养和训练出来的。为了提高沟通效率，保证信息的准确性，降低沟通中信息的损耗，有一个沟通经验就很值得借鉴，那就是：主动与上级沟通，而且是随时随地沟通。

有一次，某企业的董事长要去打高尔夫，他刚拎起球杆便被一位直接下属看到了。而最近这位下属正有七八件事要与董事长商讨，只是一直看不到董事长闲下来的时候。他看董事长要去打高尔夫，便知道机会来了。于是，他赶忙向董事长走去，并向董事长打招呼说："董事长打球啊。"

董事长一边整理高尔夫球杆一边点头说："哎。"

"我跟您一起去。"这位下属看着忙碌的董事长。

董事长抬头看了他一下："你也打球啊？"

"不，见习见习。"这位下属说。

于是，这个下属就跟着董事长上了车。

上车后，这位下属就把笔记本打开了，说："反正坐车子闲着也是闲着，董事长，上次您说那个加薪的案子，原则上同意，但是您一直没有确定百分比，您看5%怎么样？"董事长说5%多了一点。

"那4.5%呢？"

"好吧，加薪4.5%。"

"董事长，您说我们的车床应该换新的，那么有日本的、德国的、美国的，根据我的调查，德国的最贵但是性能最好，美国的最差价格也最便宜，您看我们是买一个中间的日本的,还是买一个德国的呢?"

"就德国的好了。"

"好,德国的。董事长,我还有一个问题,我们打算派五个人出国考察。您看这五个人是我来决定呢,还是你告诉我名单?"

"好吧,你决定!"

"那董事长要不要告诉您呢?"

"跟我讲一下行了。"

"那董事长我明天早上把名单给您……"

这位下属一共与董事长沟通了七件事情,车子就到高尔夫球场门口了。

"董事长,祝您打球愉快!"

"你不是要见习吗?"

"董事长,我今天突然有别的事情,改天见习。祝您打球愉快!"

这哪里是要见习打球,分明是跟董事长沟通。

其实,无论什么时间、什么地方都是可以沟通的,只要能够有机会和领导讲话,都叫沟通。相反,如果等领导下命令,可能永远也等不到机会。

领导一般很忙,不要以为沟通就一定要在会议室,在任何时间、任何地点都可以沟通。比如,有些事只需要简单回答"是"或"不是"时,就不要只在正式的场合沟通,完全可以放在非正式的场合,随时随地沟通。

沟通是双向的。在执行的过程中,上级要找下属沟通,下属更应主动地与上级沟通,这样才能始终保持信息的畅通性、一致性,从而避免发生执行的偏差。

比如,在我国实施西部大开发战略后,有一家公司决定将市场向西部拓展。为了防止货款积压,公司便把市场目标定在那些信誉好、资金实力雄厚的大企业上。然而,被派往西部建立市场网络的营销人员在开拓市场时发现,那些大企业很难打进,他们已经形成了固有的配套体系,不想尝试他们并不熟悉的产品。在他做了大量工作之后,才有几家勉强同意使用很少的一部分产品。

眼看工作毫无进展，这位营销人员为了不给公司留下工作能力差的印象，便自行决定开拓小企业市场。这些小企业非常欢迎使用这家公司的产品，但是货款积压严重。这位营销人员没有将情况向公司报告，仍然给这些小企业发货，货款积压更为严重。后来，公司终于发现了问题，分管销售的副总不得不带人赶到西部来处理这些大量的死账。

副总质问这位营销人员："公司开拓西部市场计划的重点是什么?"这位营销人员羞愧地回答："是那些信誉好、资金实力雄厚的大企业。"副总怒气冲冲地说："你改变计划，为什么不向公司汇报?"这位营销人员回答不上来了。

虽然最后诉诸法律，公司还是遭受了很大的损失。当然，这位营销人员也被就地免职了。很显然，如果这位营销人员在决定开拓小企业市场时能及时地将情况向公司汇报，就不会造成这种不可收拾的局面了。

在执行的过程中，下属不能只埋头于工作，而忽视与上级的主动沟通。一定要经常与上级进行沟通，这样才不会使执行发生偏差。而且，由于上级能及时地掌握执行过程中出现的新问题，就可以充分地留出商榷的时间，之后重新做出决策，从而避免因为计划不周给公司造成损失。

沟通是提升执行力的重要手段，主动沟通比一味执行更具责任感。作为下属，要时刻保持主动与领导沟通的意识，领导工作往往较繁忙，无法顾及得面面俱到。所以，无论处在什么岗位上，都要把主动沟通看做自己的责任，并在执行中努力实践。这样才能有效地保证自己的执行更有效率。

学会换位思考，设身处地为上级着想，时时与上级保持有效的沟通，让上下级产生良好的互动并从上级那里得到有效的指导与帮助，这是有利于工作效率提高的好方法！

思考

你会主动地报告你的工作进度吗？你能回想起自己与领导沟通时的情形吗？换位思考一下，如果你是上级领导，你将采取的谈话方式、语言和态度？

你认为上级领导准确无误地表达出自己的意图了吗？如果没有，你觉得上级领导的不足之处在哪里？

让上级做“选择题”，而不是“问答题”

沟通不是一种本能，而是一种能力。一个不善于与上级沟通的员工，是无法做好工作的。

执行难，难在沟通“成本”太高，下属对上级的沟通基本是请教的方式，常用语就是“领导，您看这事怎么办?”其实，这是给领导出“问答题”，而不是给领导出“选择题”。

领导虽然高瞻远瞩，水平过人，但毕竟不在执行一线，与执行的当事人相比对现场的实际情况必然不那么了解，而真正了解实际情况的人正是执行者本人。因此，这就需要执行者主动让领导做“选择题”，提出解决问题的方案来，然后供领导选择决策。

有一个关于“买火车票”的故事，就很明白地说明了这一点。

有一家公司，五一节前准备去某地参加展销会，由老总带队，共10个人在近日出发。于是，老总把办公室的小刘叫来，对他说，去买10张去展会的卧铺票。

小刘领了款，就一溜烟儿地跑出去了，不大一会儿工夫，他气喘嘘嘘地回到公司：“报告，老总，我回来了!。”

老总问：“买到票了吗?”

小刘答道：“没有，五一黄金周，车票太难买，的确是没有了。”

老总反问道：“确实没有了?”

答：“确实没有了!”

问：“真的没有办法了?”

答：“真的没有办法了!”

老总说："那怎么办呢？我们是不能不去参加这个展销会的。"

小刘说："虽然没有买到火车票，但是我倒有几个去的方案，不知道可不可以？"

于是，小刘便把他设想的方案讲给了老总："第一，我们可以从票贩子手中买票，但一张票要多加50元；第二，先坐火车到一个有票的中途，然后在中途换乘直达的火车，中途票现在还可以买到；第三，可以坐长途大巴，每小时都有一班车出发，我们提前一天就可以买到票；第四，从租赁公司包车，而且租车费还包含保险。"

讲完方案，小刘说："在这四个方案我建议采取第三种，长途大巴去有空调，很豪华，安全性也很好，而且行车中间可以休息，这样人到站后不至于太疲惫。"老总听完小刘的分析便选择了第三种方案。

对于每一个上司来说，他们要的不是问题，而是解决的方案。在小刘的眼里，买10张火车票的希望是没有了，但有如何去的方案。当老总了解了各个解决方案之后，自然会选出最优的那套方案。

一个善于思考、做事负责的下属，应该带着答案、准备好对策去请教领导。虽然有时直接解决问题的答案并不一定存在，但下属必须懂得找到解决问题的其他方案。就像解答数学题一样，直接解题无法求得答案时，就要学会用方程来推算出答案。

职场中，很多人遇到问题、接到任务时，不是首先问自己如何解决，而是先向领导汇报，请示解决办法，带着耳朵听领导告知具体操作步骤。这怎么可能有高效的执行力呢？所以，在执行任务时，有时一个不太好的结果会比没有任何结果强，在暂时没有结果的情况下为老板提供几个解决方案供他选择，这是员工应该做的。

1962年，美苏之间发生了一场冲突——古巴事件，国际局势一时紧张起来。当时，赫鲁晓夫偷偷地把导弹放到了美国的鼻子底下——古巴领土上，被发现后立即引起了美国白宫一片骚动。

美国总统的安全助理和顾问们很快制定了6项可供选择的策略，供当时的总统肯尼迪挑选。这6项对策是：

(1)无所作为,不做任何反应;

(2)施加外交压力,使之撤出;

(3)通过各种渠道,同卡斯特罗打交道,阻止导弹安装;

(4)入侵古巴,拔除后患;

(5)空袭,炸毁建设中的导弹基地;

(6)封锁古巴。

当然,在给出这6项策略的同时,美国总统的安全助理和顾问们也给出了每一种策略的可能后果。肯尼迪依据他对国际形势的理解,在这6种策略中权衡、选择,最后决定采用“封锁古巴”的策略,这样就既保持了总体局势的平衡,也达到了让赫鲁晓夫撤出导弹的目的。

如果说工作是一场考试,那么上级领导通常能干什么呢?回答是:上级领导通常只能做“选择题”。所以,中层领导在协助上级工作、为上级做参谋时,一定要记住这一原则:只有提供多种方案供领导选择,才能使领导从中找出最佳的方案。

这种给“选择题”而不是给“问答题”的做事态度与方式,可以大大降低沟通的成本,执行的效率就会相应地提高。

比如说,你想向领导请示召开某个计划方案的研讨会,而领导又很忙总是抽不出确切的时间,这时,请示时就要懂得让领导做“选择题”,而不是“问答题”。比如,如果你问领导:“王总,您看什么时候开会比较好?”那就意味着永远没有答案了。

其实,在这个时候,你应该让领导做“选择题”,你可以这样问:“王总,您看明天开会怎么样,大家想沟通一下原来被搁浅的计划方案的事?”这时王总可能会说:“明天没空。”

明天没空,但还可以有其他的时间,于是你可以接着问:“那么,您看后天怎么样?”这时如果领导明确后天有时间,就会表示同意。但为了定下明确的时间,你可以再接着问:“那您看后天早上怎么样?”领导可能会说:“后天早上有点困难。”“那么王总,后天下午3点,您看怎么样?”这样一来,领导就能找出自己的空档时间,于是领导说:“好的,就后天下

午吧。”

作为执行者，无论面对什么问题，不能总指望领导给你答案，而应学会自己寻求解决的方法或方案，然后让领导在你的“选择题”中找出最佳的“答案”。所以，要提升执行力，就要树立比他人更强烈的问题意识。这是高效执行的有效方法。

思考

在工作中遇到问题时，你是分析之后找出备选答案再去找领导，还是直接向领导汇报？如果你想好了答案，领导是否采纳了你的意见和建议？为什么？

换位思考，如果你是领导，你是喜欢给你出“选择题”的人，还是喜欢整天给你出“问答题”的人？

坐下来认真倾听，站起来精准发言

沟通是什么？沟通就是互相交换彼此的想法，然后使双方达成理解，取得一致的过程。

在沟通时，不但要求说清楚、讲明白，更要把话说得精准明确，这才能抓住事情的关键，才能更好地去执行。

美国知名儿童节目主持人林克莱特，有一次在主持节目的时候问一个小朋友：“你长大以后要当什么？”

小朋友说：“我长大以后要当飞机的驾驶员。”

林克莱特继续问他：“假如有一天，你驾驶飞机飞越太平洋上空的时候，飞机突然熄火了，你怎么办？”

小朋友想了想说：“我告诉飞机上所有的乘客都绑好安全带坐在那里不动，然后我挂上我的降落伞跳下去。”

当时现场发出一片笑声，很多观众笑小朋友不负责任，将一飞机的人丢在那里不管了。林克莱特也觉得奇怪,但是他发现那个孩子的神情越来越严肃、越来越紧张,于是就蹲下身子问他:“你为什么要这么做?”小朋友眼里含着眼泪说:“那飞机上没有燃料了,我下去取燃料,取完燃料我再回来。”

那个小朋友在表述的时候没有表述清楚,直到林克莱特再次询问,才将自己要说的话完整地说完。说话要说清楚,不然就容易被人误解;听话也要听明白,在没有理解人家真正意图之前不要轻易下结论。

在企业里,我们常常见到有些人与上司或客户谈了半天话,对方的眉头早就拧到了一起,最后不耐烦地说:“你到底想说什么?”说话啰唆而且思路不清,说了半天还没有说到正题,也就难怪别人皱眉头了。

说话发言时,思路一定要清晰,否则就不容易被别人接受,要让别人一听就知道你要表述的内容,这是最佳的表达形式。

当然,沟通能力并不局限于说的能力,听、读和写的能力也同样重要。丘吉尔曾说:“站起来发言需要勇气,而坐下来倾听,需要的也是勇气。”高效的人之所以能够高效地执行,正是因为他们懂得怎么找出执行的关键,而在这过程中能使自己胜券在握的技巧,就是做个好听众。

台积电董事长张忠谋曾在两场演讲中,对年轻学子反复提到“听”这个话题。

一场是在与中信金控董事长辜濂松的对谈会上,他回忆起青年时期的人生领悟,指出人生成功的秘诀就是“听”,而且“听”往往比“说”重要,要“懂得听,且听得懂”。

另一场是在台大校庆时,面对台大的学生,他谈到,领导人应具备五项特质,其中之一是沟通能力,“尤其要会‘听’”。

很多人认为,听人说话没有什么难的。其实,听别人说话也是一门学问。因为只有专心听,你才能领悟到别人的想法与感受,只有这样,你才能根据不同的事件采取相应的方法,从而获得执行的成功。

一家公司有个重要职位空缺,需要招聘人才,大约有100人竞争该职位。面试官将大家带到一个会议室说,在接下来的5分钟内,他要给大家

讲讲公司的历史，并介绍公司的产品。他让大家注意听，然后就开始讲起来。

大约两三分钟后，一个人走进房间，在一张空桌旁停下，开始往桌子上放盘子。面试官完全不理会陌生人，无视他的存在，继续讲话。这时，陌生人取出一罐刮胡膏，使劲摇晃，然后往盘子上抹。

听众感到有些不自在，甚至感到好笑。当所有盘子都抹完后，陌生人离开了房间，没说一句话。这时，面试官让大家就他刚才讲过的话，回答几个简单的问题。

绝大多数听众回答不上来，因为他们刚才没有听面试官在讲什么，他们的注意力都转移到了陌生人身上。只有一个人，能够回答面试官提出的简单问题，这证明他的注意力没有被陌生人吸引，而是一直在听讲。因此，这人终能过关斩将，获得职位。

沟通是倾听的艺术，说的就是倾听在整个沟通中的重要作用。没有倾听，就没有沟通。只有单向的表达，接收的一方根本没有兴趣接收或者干脆不接收，表达方表述的内容就没有任何意义。所以说，沟通是倾听的艺术，其核心内容就是倾听。

对于每一个执行者来说，在执行任务时尤其需要倾听。主管交办的事项，如果不懂得倾听，甚至听不清楚，就可能把工作做得七零八落，难免饭碗不保；同事之间不懂得倾听，意见就无法交流，合作就容易有间隙；若不懂倾听客户，就无法完整接受客户回传的讯息，自身或企业便无法进步……

提高倾听能力，是沟通成功的出发点。所谓“洗耳恭听”，指的就是“倾听”的能力，这是迈向沟通成功的第一步。一个擅于倾听的人才能通过倾听从他人那里及时获得资讯，并对其进行思考和评估，以此作为决策的重要参考。在工作中，之所以很多人效率低，正是因为善说的人太多，善听的人太少。

正所谓：“会说的言简意赅，会听的茅塞顿开。”“说”和“听”是沟通协调的基础，只有先沟通好了，再进行有力地执行，工作起来才能更精准，更高效。

思考

你是个受欢迎的人吗？你是否了解沟通者的谈话意图？你是怎样听取他人意见的？

你总能心平气和地与人沟通吗？你能够让别人听懂如何从事交付给他的任务吗？你花很多时间用于说话和聆听吗？

服从不等于盲从，学会纠正上司的错误

高效执行是多种素质结合的表现，而不是某项单一素质能力的考评。执行者自己没有主见，只是任凭领导说啥就是啥地盲从，或不计后果、不顾大局地冲动鲁莽，或说一不二、大搞一言堂等简单执行方式，这些都不是领导需要的执行力。

常言说得好："尺有所短，寸有所长。"领导并不是万事通，也会有犯错的时候。这时候，作为下属就要懂得适时纠正领导的错误，要做到服从而不盲从。否则，任务的执行必将陷入非左即右、矫枉过正的泥潭。

有一家知名企业，在招聘时出过这样一道情景面试题：假如你是一支军队的指挥官，在带领部队前进时，前面出现了一个粪坑，你们不能绕道而行。这时你向部队下命令：跳进粪坑，从粪坑里直走过去。可是士兵们看着那臭气熏天的粪坑，都不愿意也没有人往里跳。这时你该怎么办？这个问题讲的就是命令的执行。

在职场上，一直流行着这样一句话："职场守则第一条：领导永远是对的；第二条：如果发现领导错了，请参照第一条。"这句话强调了领导对下属的绝对领导关系。但是，这并不表明领导向你下达的所有指令你都必须执行。当领导向你下达任务时，你应该学会分析辨别，哪些是必须执行的，哪些是要适时拒绝的，然后去做正确的事，这样才不会在执行中犯

错误。

比如，某集团公司的秘书平时对领导言听计从，领导走到哪里服务到哪里，为领导提茶倒水，鞍前马后，把领导服侍得舒舒服服，深得领导信任，成为领导的心腹。有一次，领导带他出去应酬喝酒，领导大醉，因对服务员的服务不满，伸手给了服务员一耳光，感觉不解气，又命令这位秘书去痛打服务员。这位秘书不仅没有劝解阻拦领导，反而抄起一个酒瓶向服务员砸去，致使服务员颅骨骨折，抢救无效而死亡。结果，领导因唆使他人行凶致人死亡被判刑，秘书也因过失杀人而锒铛入狱。

其实，对于很多领导来说，他们并非只喜欢一味听话、顺从的下属，也希望自己的下属有胆有识，能帮他们分担更多的责任。对领导绝对服从虽然可贵，但盲从却是要不得的。因为习惯于盲从往往包含着这样两层意思；一是表明你没有能力，无法独立行事；二是你做事没有原则，永远都无条件地服从权威，即使权威是错的时候。但是，不管是哪一种愚忠和盲从，结果都是不但害了领导，更害了自己。

有时，领导提出一些解决问题方法的指示，往往是头脑突然一激灵提出的，并不一定经过深思熟虑。所以，这样的指示并不一定正确，但也不一定不正确。在这个时候，如果你觉得领导是错误的，那么你就要在他还未作出最终决定前，把自己的想法讲出来。否则，按照领导的指示去执行，就很有可能越执行越乱，越做错误越多。

在实际工作中，服从与盲从虽然只有一字之差，意义却是大相径庭。对于执行者来说，服从是无条件地执行，不找任何借口，快速认真地依从上级指令完成任务；盲从则是对上级的指示、决定，在不理解其意图的情况下一味附和、一概听从、一律执行的盲目行为。所以，对领导指令要学会辩证思考、分析，要做到处事有主见，对领导的能力、水平、人格可以认同和赞赏，但不能迷信、崇拜、不分是非。在尊重领导的同时要学会思考，并认真执行其正确意见和主张。若不进行思考，只是一味地盲从，到头来只会使工作脱离本意，最终掉下无底深渊，不能自拔。

在工作中，我们经常遇到这样的情况：

有时领导不想见一个人，或者不想听一个人的电话，就叮嘱下属说："某某找我的时候，就说我不在。"这时，下属应遵照领导的话去做，说领导不在办公室；若对方继续问，就说领导出差了，或者开会去了。但如果拒绝执行，肯定会得罪领导，并且可能失去工作。因为，在有些情况下，偶尔撒点小谎对他人不会造成多少伤害，也使领导和自己免去很多麻烦，所以这个时候撒谎是无可厚非的。

但是，如果领导让你撒个弥天大谎，比如做假账，这时无论领导怎样威逼利诱，你都应立即拒绝。你可以提醒领导："你让我帮着你犯罪吗？"如果领导还不觉悟，你就要宁可辞去工作，也不要跟领导同流合污。

如果你怕失去工作而怀着侥幸心理做了，一旦东窗事发，你的前途就被自己葬送了。况且，如果碰到老奸巨猾的领导，利用你的忠诚陷害你，出问题就把责任全部推到你身上，让你一个人背黑锅，你就跳进黄河也洗不清了。

服从不等于唯命是从。不分是非的盲从，意味着可能去做不该做的事情。有的人明明知道上级领导在某些策略上有所失误，可是当自己接到指令后还是满口应承，全由上级领导说了算，心里抱着反正错了你兜着的态度，这就是极不负责的表现。

正如古语所云："人非圣贤，孰能无过？"上司不一定永远是对的，因此当上司出现错误时，下属应学会机智地纠正上司的错误，这样才能造就出良好的高效的执行力。

思考

作为执行者，你发现上级制订的计划有批漏时，你是如何做的？你想给上级提出什么建议？你认为自己具备这种职业素质吗？如果不具备，为什么？

在工作中，两个人同时负责相同的任务，做的工作一样多，成绩也一样，为什么有的人得到了提拔，而有的人却得到了批评？你觉得他做错了什么？

别替领导做决定，引导领导采纳你的思路

在工作中，每个人都有一个或多个想法，而且这些想法若被实现必将大大提高执行的效率。但是，向领导提供建议首先应注意的就是不必太急。

首先，从上司的角度来说，你的想法也许没什么了不起——事实上，也许很不成熟。他的看法与你完全不同，正是因为你对许多内在的因素并不十分清楚，所以把它们与其他事物放在一起时，会明显地表现出来。

其次，当你提出一个好的工作建议时，这意味着你认为当前的工作方式或方法不理想。换句话说，就是你的建议里已经包含了一种批评的味道。因此，在提出你的建议时，一定要注意这一点。要知道，大多数上司很自负，他们不愿意承认他安排的工作有什么不当之处，在下属面前尤其如此。

就这两个原因而言，在向领导提出你的建议或决策时，一定要先调整好心态，抱着解决问题的态度，与上级就工作展开交流沟通，并适时地提出自己的解决方案，这样你才能更好地解决问题。

阿明是一个年轻干练、活泼开朗的小伙子，入行没几年，就很快升到了主管位置。几天前，新领导走马上任，把阿明叫了过去："阿明，你经验丰富，能力又强，这里有个新项目，你就多费心盯一盯吧！"

受到新领导的重用，阿明自然欢欣鼓舞。恰好这天他要去上海周边某城市谈判，于是阿明合计，一行好几个人坐公交车不方便，人也受累，这势必会影响谈判效果，但是，打车的话，一辆车又坐不下这么多人，若打两辆车，费用又太高，所以他觉得还是包一辆车好，这样经济又实惠。

阿明一边在心里盘算，一边为自己的主意感到得意，但是，虽然主意已定，他却没有直接去办。几年的职场生涯让他懂得，遇到任何事都向上级领导汇报一声,这是最必要的。于是,阿明来到了新领导跟前。

“经理,您看,我们今天要出去”,阿明把几种方案的利弊分析了一番,接着说:“所以呢,我决定包一辆车去!”刚汇报完毕,阿明就发现新领导的脸色黑了下来,并用生硬的品吻说道:“是吗?可是我认为这个方案不太好,你们还是买票坐长途车去吧!”

阿明一下子愣住了,他万万没想到,一个如此合情合理的建议竟然被领导打了“回票”。

为什么领导听完阿明的话脸色变得不好看了?关键就在于,阿明虽有凡事都向领导汇报的意识,但汇报的方法并不恰当。因为,阿明说的是:“我决定包一辆车!”要知道,在领导面前说“我决定如何如何”是最犯忌的事。

因此,我们可以设想一下,如果阿明能这样说:经理,关于去外地,现在我们有三个选择,各有利弊。我认为包车比较可行,但我做不了主,您经验丰富,帮我作个决定。这样,领导一听必然会做个顺水人情,自然会答应他的请求。

在美国的一家贸易公司发生过这样一件事:

有一次,经理设计了一个产品商标,开会征求各部门的意见。经理说:“这个商标的主题是旭日,象征着希望和光明。同时,这个旭日很像日本的国旗,日本人看了一定会购买我们的产品。”

然后,他征求各部门主任的意见。营业主任和广告主任都极力恭维经理构思的高明,最后轮到代理出口部的青年主任发表意见,却说:“我不同意这个商标。”全室的人都瞪大了眼睛看着他。

“怎么?你不喜欢这个设计?”经理吃惊地问他。

“我倒很喜欢这个商标。”青年人直率地回答。其实从艺术的观点来说,这位青年人的确有点讨厌那个红圈圈,但他明白,和经理辩论审美观是起不到什么效果的,所以他只是说:“我怕它太好了。”

经理笑了起来,说:“这倒使我不懂了,你解释一下看看。”

“这个设计鲜明而生动自然是毫无疑问的,因为与日本的国旗相似,

无论哪个日本人都会喜欢。”

“是啊，我的意思正是如此，这我刚才已经说过了。”经理对他有些不耐烦。

“然而，我们在远东还有一个重要市场，那就是华人社会，包括中国，以及东南亚国家，这些国家和地区的人们看到这个商标，也会想到日本的国旗。尽管日本人喜欢这个商标，但是由于历史的原因，这些国家和地区的人们就不一定喜欢，甚至可能产生反感。这就是说，他们不愿意买我们的产品，这不是因小失大吗？照本公司的营业计划，是要扩大对中国和东南亚国家及地区贸易的，但用这样一个商标，结果是可想而知的。”

“天那！我怎么没有想到这一点，你的意见对极了！”经理几乎叫了起来。

上述例子中，那位青年一句“我怕它太好了”这样的恭维话先满足了经理的自尊心，同时不会使他不悦，然后再陈述充分的理由，经理自然就不会因此而觉得难堪了。

有些时候，一些有能力的下属总会有意无意地站在领导的位置上想事情，对于工作来说这是好事，但是对于上下级沟通和上下级的关系来说却要讲究一点技巧。因此，有些人没有意识到这一点，甚至还以为，既然领导也会这么做，我替领导做了，也未必不可。可万万没想到的是，领导在意的不是你做事的结果，而是你站在了他的位置上。

沟通不但是能力，更是艺术。只有掌握好沟通的技巧，对做事才会有利，对提升执行才有作用，否则，不但不利于做事，更不可能有什么效率。因此，在工作中，无论你与领导的关系多么亲密，也不要逾越下属与领导之间的界限，该领导决策的事情，就一定要领导拍板。

思考

你有替领导作决定的习惯吗？在工作中是否有“天高皇帝远”而自作主张的想法？当你这么做时你收到了什么结果？

当领导正在忙碌时，你有一项决定要向领导汇报，你觉得应该怎样去说？该在什么时候说才最合适？

话说在点儿上，言不在多，达意则灵

要想以合适的投入获得最大的执行成效，说话到位是一个关键。在很多时候，执行的过程是一个说服别人的过程，话能否说到点子上，至关重要。

正所谓："说不破一车书，说破一张纸。"语言作用的大小，不在于"数量"，而在于"质量"。话不到位，说得再多也没用；而能够说到点子上，几句话就能解决问题。在关键时刻，也许只是简简单单的一句话，只要说到点子上，往往就能起到四两拨千斤的奇效。

小康和小张是某单位的两个专职司机。前不久，单位精简人员，两个人必须有一人下岗。于是，单位搞了一个竞争上岗，让两个人分别谈自己对将来工作的想法。

小康第一个上场，开始自己的演讲。他说如果自己将来能开车，一定会把车收拾得非常干净利索，遵守交通规则，而且保证领导的安全，同时做到省油，不给单位增加负担，等等。小康滔滔不绝地讲了半个多小时，终于讲完了。

轮到小张上场了，他只讲了三分钟没到，就下来了。他说他过去遵守了三条原则，现在仍遵守三条原则。如果能继续为单位开车，他还会遵守三条原则。这三条原则是：听得，说不得；吃得，喝不得；开得，使不得。

众领导一听，好！这个司机说得好！

小张说的好在什么地方呢？

第一，听得，说不得。意思是说领导坐在车上研究一些工作，往往在没公布之前是保密的。我只能听，不能说，不能泄密。

第二，吃得，喝不得。因为工作原因，我经常要陪领导到这儿开个会，到那儿参加个庆典，难免有这样那样的饭局。这时候，我该吃就吃，但绝对不喝酒，这叫保护领导的生命安全。头两条里，一是保守领导的机密，

二是保护领导的生命安全。

第三，开得，使不得。你别看我是开车的，但是领导不用的时候，我决不为了一己私利而开公车，公私分明，不给领导脸上摸黑。

这样的司机，哪个领导不喜欢？于是，小张留了下来。

提升工作能力，关键是增强执行力，而增强执行力的关键要素就是提高沟通能力！沟通的最终目标是有效执行，强化执行能力就是从提升沟通能力开始的。所以，话不在多，而在于能否说到点子上。

有时在执行中，一些特殊的执行任务很难靠一己之力完成。这时，你就必须依赖他人的大力支持和合作，才能完成使命。因此，你本身成功与否，也取决于你与团队成员、上司的沟通能耐和功夫。

在某厂家发生过这样一件事：

有一次，一个业务员跟厂长说："厂长，这个订单你给插个单吧！"

所谓"插单"，就是在生产计划中，临时来了一个订单把它插进去。

但是，这位厂长表示不能够接受，他说："这样插来插去，乱七八糟的，这个工厂还能干什么？"

业务员说："厂长你不想插，我也无所谓，工厂都不在乎，我也不在乎，反正你看着办。"说罢，就走了。

厂长心想："跟我来这套，我就不插！"

这时，另一个业务员也过来要插单，他去找了厂长，但完全不是刚才那位业务员那样的态度。

他见到厂长后，对厂长说："厂长，我刚刚参加工作不久，好不容易抢了一个订单，看起来是个小订单，但对我来讲却是拼了半条命才拿到的。厂长，我知道您的工作很满，但是我已经查了一下，下个礼拜二、礼拜三、礼拜四，您分别各有两个小时的空档，我这张小单四个钟头就可以做完了，您看，下个礼拜二到礼拜四，我能不能占用您其中的四个钟头，比如说礼拜二两个钟头，礼拜三两个钟头？"

厂长还在犹豫，业务员又说道："厂长，我会叫我的兄弟过来帮忙，您看是搬材料还是搬机器？还有，厂长，我手上有一点点预算，两万块钱，我打算拨个五千给兄弟们,加加菜,喝喝汽水,您看怎么样?”

厂长一听,笑了笑说:“好吧,你的兄弟不用过来。”

当然不用过去,去了也是白去,他们又不懂工厂生产,但是那五千块钱不要忘记。

为什么前一个业务员插单不成,后一个业务员就成功了呢? 一个人跟别的部门沟通的时候,不但要主动地帮别人把事情分析好,而且说得达情达意;而另一个却是一种不在乎的态度,这又怎么能沟通得好呢?

沟通的最高要旨是:“言不在多,达意则灵。”在说话时简练有力,才能使人始终兴味不减。任何事情都有其重点,做任何事情都要把握其要领。说话也是这样,即使很复杂的问题,也可以用简明的话语表达出来,这才是有效的沟通。

最会说话的人,就是说话中肯简洁、言之有物的人。谈话的目的是为了交流思想,传达感情,如果毫无情感,不得要领,怎么能把话说到点子上,又怎么能做好执行呢?

思考

两名业务员面临同样的事情,同样的内容,为什么一个被厂长拒绝,另一个却很顺利地得到了厂长的同意?

你有一说话就长篇大论的毛病吗? 你说出的话能让人一听就明白吗? 在汇报工作或沟通时,你能用几句简洁明了的话总结出自己要表达的意思吗? 对自己汇报的工作做出简洁的总结,你觉得这样对执行有什么帮助?

服从多层面指示时,先沟通协调再行动

在执行过程中,你是否遇到过这样的情况:一项工作,经理要求这样,主任要求那样,弄得自己左右为难。

作为执行者,有时会面对多个领导的任务安排,甚至多方的要求。遇

到这样的情况，很多人会觉得左右为难，不知道该怎么做。如果直接拒绝，肯定造成很不好的影响；而如果不拒绝，势必给自己带来过大的压力和超负荷的工作。因此，这就需要掌握好沟通的技巧，与多方协调后再去做。

有一家报社的编辑，不久前就遇到了一件非常棘手的事。在一次选题会之后，报社副总特别把他叫过去，针对这一期的选题给他布置了一个特别的任务。可是，这位副总给他下达的命令，却和自己部门主任先前下达的命令明显不同。再加上，两个领导都是个性极强的人，得罪哪边都不行，这下就把这位编辑给难住了。

在工作中，很多人会遇到这样的情况，由于自己的两个顶头上司总是意见不和，自己往往像夹心饼干一样，左也不是，右也不是。因此，在这个时候，若是执行者不懂得周旋的技巧，而涉身其中的话，纵使错误不在自己，也往往会成为矛盾的牺牲品。

在这时候，我们就要学会跟领导沟通。有些人只顾埋头工作，完成后一交了事，与领导的交流很少，对自己为了完成这项任务加班加点、费劲流汗、耽误时间等情况，如果不主动向领导说明，你所付出的精力和汗水也就白费了。

特别是，当上级主管与直属主管的命令不一致时，执行者一定要学会与两位上级进行沟通和协调。这样既可以有效地减轻上级对自己压力，更有利于自己在执行中出现偏差时不致遭受无谓的抱怨和批评。否则，一旦事情处理不当，出现差错和失误，都有可能使自己纠缠其中，从而造成不必要的后果。

一个不善于与上级领导沟通的人，是无法做好工作的。现在的每一家企业都可以说是人才辈出，高手云集，在这样的环境中，信守“沉默是金”者无异于慢性自杀，不会有什么前途。而正确的工作态度和工作效果，充其量也只能让你维持现状。

与上级领导沟通是一门不可不学的艺术。特别是出现不同上级同时安排任务时，这些任务有可能可以放在一起同时进行，有些可能要做完一项才能做另一项，这时就要懂得立即与上级主管进行沟能，千万不要有

"回头再说"或"先做某项,再做另一项"的想法。如果你确实能很好地处理好两项任务,那么说明你是一个能力相当强的人,但如果做不好,就有可能得到上级的怪罪。

当然,在和领导商量的时候,语气一定要委婉,比如:"王总,我知道您交给我的任务非常重要。但有一点我需要跟您商量,因为之前李总已经交给我一项任务,要我今天5点之前把项目评估报告交给他,他明天一早开会要用。

"不知道您要的这份报告是不是特别着急,如果不是特别急的话,我能不能明天下班前把报告交给您?如果您觉得来不及,那我可不可以请××部门的小李帮您做一下这份报告,具体的内容我会把关。您看怎么办更好?"

相信这样,让领导了解自己当前工作中的困难,任何领导都会理解的,问题自然好办多了。否则,不懂得沟通闷头就做,会造成领导的误解:我交给你的任务,为什么不及时完成?是不是不把我的话当话?

在同一个公司里,上下级之间的沟通是非常重要的。有了沟通,大家可以达成共识;有了沟通,同事之间可以消除很多误解;有了沟通,能够在公司内部创造和谐宽松的工作环境。因此,一定要学会和别人沟通。

只说不做或只做不说的员工都不是领导喜欢的员工,而那些既勤奋敬业又善于主动沟通的员工才是领导心目中的优秀之才。学会与你的领导积极而有效地沟通,你会发现这对于你的事业有着不可低估的作用。

好的沟通是合作的开始,没有沟通就没有效率。沟通可以带来理解,理解可以带来合作。所以,学会与不同的领导进行沟通协调并达成共识,是高效执行的基础。

思考

你认为什么是沟通协调力?作为执行者,你觉得如何才能做好上下级之间的有效沟通?

在工作中,遇到不同领导同时交给自己任务,你能做到及时协调和沟通吗?还是选择畏缩逃避、闷头就做?

第7章

高效执行，要伴随高效协同

谁都不可能是一座孤岛，一个人要取得成功，必须学会与别人一道工作，并得到别人的协作。

一个企业之所以强大，原因是什么呢？这个原因就是员工之间的合作、合作、再合作。团队的意义在于"1+1＞2"。良好的团队能够为成员提供良性的支持，使大家拧成一股绳，产生出无比强大的能量，由此便可获得一个人无法取得的成就。

一个员工必须学会和别的员工进行合作，因为每个员工都是团队的一员，就像狼群一样必须进行团队行动，才能发挥出最大功效。而对于执行来说，良好的工作氛围无疑是高效率的保障。

单枪匹马难成事，团队协作价更高

一个公司的成功离不开每个员工的努力，更离不开员工之间的相互协作，这是至高无上的团队力量。

团队的力量是无穷的，可以完成个体无法完成的任务，有时还能创造出无法想象的奇迹。一个人可以凭借自己的能力取得一定的成就，但如果把自己的能力与别人的能力结合起来，就会取得更大的令人意想不到的成就。

20 世纪 60 年代，苏联研制了一种战机——米格 25。米格 25 的性能很出色，在爬升、速度、高度、机动性等方面，超越了美国的一流战机，打破并创造 8 项飞行速度、9 项飞行高度、6 项爬升时间的世界纪录，震惊世界，是当时世界航空工业领域的典范。因为性能出色，美国和欧洲的专家们都以为米格 25 很神奇，应用了很多新技术。

1976 年 9 月，一名苏军飞行员驾驶一架米格 25 叛逃到日本。美国专家们利用这个机会对米格 25 进行拆解分析，这才发现，米格 25 没有应用什么神奇的高科技，飞机的材料、零部件都很普通，不如美国同时代的飞机，有些技术比美国落后很多。飞机的性能之所以出色，是整体组合做得很好，用一堆个体功能一般的零部件，组成了整体功能优秀的战机。后来，有人以此为依据，提出了一个“米格 25 效应”，让大家明白，重在整合利用，不是非要有独特的优势才能有出类拔萃的表现。

飞机是这样，人也是这样。要出类拔萃，不一定要有独特的优点，也不要因为短板而过分恐惧。只要像米格 25 战机那样，组合好，应用好，普通的资源也能形成强大的力量，普通人也能有卓越的成就。

为了高效率地完成执行任务，我们不能忘记协作精神的功劳。正所谓：“单丝不成线，独木不成林。”一个人的力量毕竟有限，要想成就高效率，必须学会与团队成员有效协同。

有一个故事是这样的：

在美国的艺术品拍卖现场，拍卖师拿出一把小提琴当众宣布："这把小提琴的拍卖起价是1美元。"还没等他正式起拍，一位老人就走上台来，只见他二话没说，抄起小提琴就演奏起来。小提琴那优美的音色和他高超的演奏技巧令全场的人听得入了迷。

演奏完，这位老人把小提琴放回琴盒中，一言不发地走下台。这时，拍卖师马上宣布这把小提琴的起拍价改为1000美元。正式拍卖开始后，这把小提琴的价格不断上扬，从2000美元、3000美元，到8000美元、9000美元，最后这把小提琴竟以10000美元的价格被拍卖出去。

同样的一把小提琴何以会有如此的价格差异？很明显，是协作的力量使这把小提琴实现了它的价值。

在动物世界中，野牛跑得那么快，角那么尖锐，身体那么强壮，但是当它们面对豹子或狮子的时候，却任由狮子、豹子主宰它们的命运，为什么？就是因为它们缺乏集体协作的能力和团队精神。

当一头野牛遇到围攻时，所有的同伴都不会出手帮忙，而是自顾奔逃。而那只被围攻的野牛往往是孤军作战，最终在筋疲力尽之后被对手吃掉。但是如果所有的野牛一起来对付狮子的话，即使没有尖尖的牙齿，它们的铁蹄也足以踩死雄狮。只可惜这样的事情几乎没有发生过。

再看看海豚是怎么捕食的。当发现鱼群的时候，它们会发出一种声音，把附近的海豚叫过来，围成一个很大的圈，紧紧包围住鱼群。这时，所有海豚会发出一种声音，鱼群听到后便惊慌失措、横冲直撞，在这个时候海豚并不不急着吃鱼，而是再次发出这种声音，让鱼群更加惊慌。这样，鱼群就会聚集成很紧密的一团，然后其中的一只海豚便会冲入鱼群，张开嘴满满吃一口后迅速退回到包围圈外，紧接着另一只海豚再采取同样的动作上前进食，直到将鱼全部吃完。

由于相互配合、团队作战，每一只海豚都成为了胜利者。但是，如果海豚不协作，一只海豚追逐一条鱼，其结果必定是既辛苦又吃不饱。

在如今的知识经济时代，单打独斗早已成为历史，竞争也不再是个体之间的斗争，而是团队与团队、企业与企业的竞争，困难的克服和挫折的平复，都不能仅凭一个人的勇敢和力量，而必须依靠整个团队的协作精神。

在工作中，有很多人总存在着个人英雄主义，总希望在一些事情上显露一下，在领导或老板面前表功，为了不被其他同事抢了功劳，总想一个人单枪匹马干出来点什么。但是，最后的结果是什么？往往是费了全部的力量，到头来还是事功倍半。

俗话说“三个臭皮匠，赛过诸葛亮”，“臭皮匠”们胜过足智多谋的“诸葛亮”的制胜法宝就是相互协作、互相补充。因此，要想更加高效地完成工作任务，就必须懂得全心全意地精诚合作。

所以，一个高效执行的员工必须懂得相互协作的力量，并与其他的团队成员团结一致。这是一个高效执行者必备的品质。

思考

你认为团队精神重要吗？在遇到团队利益与自己的利益发生冲突时，你会把团队利益摆在第一位吗？

你认为怎样才能培养自己的团队意识？

团队一盘棋，与公司目标保持一致

很多时候，执行工作任务就如同打仗一样，如果没有高度的统一，在思想上、行动上随心所欲，一个团队就如同一盘散沙，导致资源浪费和作战力削弱，结果可想而知。

员工应具备良好的职业精神，也就是下级服从上级指挥，个人服从组织，小集体服从大集体，甚至是为了达到总体的目标暂时牺牲一部分小集体或个人的利益，来保全整个组织的利益和长远目标。

要知道团队就如同一部机器，每个人都是一个零件，每个人都有自己的分工，对于整部机器而言，每个零件都很重要，缺一不可。

一群大雁在天空中飞行，排列成整齐的“人字形”。头雁是最累的，因为它要用翅膀最先奋力冲破大气层的重重阻力，而跟在它后面的第二只、第三只……依序向后，在气流推力和浮力的作用下，也是因为飞在前面的大雁默默抢先承受了负荷，所以，排列在“雁阵”后面的尾雁，它的付出常常是轻松的。

但是，在“雁阵”里有一个非常有趣的现象，那就是头雁的位置并不固定，它一旦飞累了，就悄悄地退到后面休息一会儿翅膀，而紧随其后的依序不声不响地顶替上来。就这样不停地循环往复，南来北往，在如此漫长的飞行中，从来没有一只大雁掉队。

高效率的员工清楚自己在团队中的定位，他们会坚持“团队第一”的理念，懂得站在整体的角度想问题，保持顺畅的沟通和任务的执行，以便及时获悉自身的现状，并根据协同的需要调整状态。

中国惠普前 CEO 孙振耀曾讲过这样一段话：在沙漠里面最强的物种是骆驼，在草原上最强的物种是狮子，在沙漠里和草原上其他动物很难跟它们竞争。但是如果有一天老天下起雨来，沙漠变成了草原。你是骆驼，你怎么办？本来沙漠里面你是最厉害的，第二天早上起来却变成了草原。有的人说去寻找另一片沙漠，有的人说把自己变成狮子……

要寻找另外一块沙漠其实不容易，那么，就只有适应。首先找一个整形外科医生，你把自己整成一个狮子，争取适应的时间，今后把自己慢慢变成狮子。但如果你的外形是狮子，内心仍是骆驼的心，你会死得更惨。

这段话很值得引人深思。它就告诉我们，没有内心的改变，无论你外表如何装出接受任务的样子，最终都难以做出好的工作成绩。

一支高绩效的团队必定拥有一个共同的目标，而且这一目标会渗透到团队成员的骨髓之中。

有一个古老的故事是这样说的：

从前，在一个教堂工地中，有人问三个石匠在做什么？第一个石匠

说："我在混口饭吃。"第二个石匠一边敲打石块一边说："我在做全国最好的石匠活。"第三个石匠眼中带着想象的光辉仰望天空说："我在建造一个房子，我想成为一个优秀的石匠。"

这个故事告诉我们的道理之一就是：在通常情况下，员工个人的目标都会有差异，如何使差异最小化，达成员工和公司的目标方向一致，以最大合力去争取市场，这是我们必须解决的最重要的事。

而从另一角度，我们又可以悟出这样的道理：个人发展目标与整体目标一致才较易产生双赢结果和高效率。

第一个石匠是典型的"正当的工作，收取公平的报酬"，对个人发展或整体的发展都没有一个既定的目标。

第二个石匠是大多数专业人员和经理人关心专业工作的表现。可潜在的问题是，当公司整体目标与个人发展曲线出现差异时，如果不及时予以调节，就很容易产生出一种离心力，因为他只从个人的角度着眼。在这种情况下，第一个和第二个石匠都不会在业绩表现评估中取得令人满意的结果。

第三个石匠则是把整体目标与个人发展目标结合起来，既为建造大教堂又为成为优秀石匠，这样他与建筑商的劲是使在一处的，同时，他不但有报酬，还可利用建教堂的机会积累经验和学习新知识，达到提升个人技能的目的。建筑商有了这样优秀的石匠，它的竞争优势就有了，可见这是双赢的局面。

因此，要想成为一个优秀的员工，个人发展目标就要与团队目标一致，这是非常重要的。只有使自己在明确工作目标后，在一个相对合适的平台上才会有机地最大效率地将自己的个人发展与公司目标融于一体，才会取得最好的结果。

员工发展是企业发展的基础，企业发展是员工发展的保障。一个企业、一个团队的存在与发展，都离不开员工的努力工作；相应地，一个员工的发展，也离不开团队和集体的存在。团队与员工是相互依存的，二者的目标都是为了求得良好的发展，这就是目标上的一致性。

所以,一个人只有抱着与团队共同的目标,才能够将自己融入这个团队,才能凝聚为息息相通的团队力量。这样才能把握自己努力的方向,为团队创造财富。否则,跟团队目标不一致,就很有可能出现南辕北辙的结果。

要成为一个优秀的员工,就必须与公司的目标相一致,并保持步调的一致性,这样团队效率才会高,才能使整个团队更易达成目标,个人的执行才会更有效果。

思考

你如何看待团队目标与个人目标之间的关系?你认为团队目标和个人目标哪个更重要?当团队目标与个人目标发生偏离时你是如何处理的?

在团队中你的表现怎样?你为团队作的贡献有多大?你在团队中处于什么位置?

永远没有分内分外的工作,关系融洽更有成效

团队的力量始终离不开团队成员的个人力量,而团队力量并不是个人力量的简单相加。只有完美的团队合作,才可以使团队成员心往一处去、力往一处使,将个体力量统一到一个方向上。这时候,团队力量可能是团队成员个人智慧的乘积,也可能是个人精神的平方。

联合国教科文组织“国际21世纪教育委员会”在《学习:内在的财富》的报告中指出:“学会共处”是对现代人最基本的要求之一。这是人与人之间、民族与民族之间、国家与国家之间互相依存程度越来越高的时代提出的一个十分重要的教育命题。

学会共处,就要学会平等对话,相互交流。平等对话是互相尊重的体现,相互交流是彼此了解的前提,是人与人和谐共处的基础,这是团队凝

聚力的重要特征。

王芳是大公司的打字员。一天，其他人出去吃午饭的时候，有位公司董事路过他们办公室门口时停了下来，因为想起有几封信函要找。这本不是王芳的本职工作，可她还是爽快地对董事说："我并不知道这些信函的情况，不过我会帮您处理好这件事情的。我会尽我所能，找到这些信函并尽快把它们放到您的办公桌上。"

当王芳把董事所需要的信函摆在他的面前时，董事的脸上挂满了笑容。

事情没有到此结束。一个月后，王芳被提拔到一个更重要部门的重要位置，而且工资也提高了30%。原来是前面那位董事，在公司的一个高层会议上推荐她。而这正是因为王芳没有因为董事要求的不是她分内的事而拒绝他所得到的福气。所以，她勇于承担的精神感动了董事，董事才推荐了她。而公司高层最终通过，也是因为王芳是一个具有高度责任感和值得信赖的人。

对照王芳，检讨一下自己，你是怎样做的？再看看你周围的同事，有多少人表现得像王芳那样？也许你会发现，大多数人只对自己分内的事负责，对同事则表现出一种"只管自扫门前雪，休管他人瓦上霜"的冷漠态度，对上司也是一种故步自封的懒散。

同事向你请求帮助，或者上司安排你做一件超出你工作范围的事，你该怎么办？你可以理直气壮地说："对不起，这不是我分内的事，我没有责任去做。"也可以迫于情面或压力，心不甘、情不愿地敷衍了事。但是，这样做的结果，很可能是你不会尽力地去帮助别人，这样一来，当你有事相求于别人时，别人也会对你应付了事。

在一个团队中，能否处理好与团队成员的关系，往往直接影响着我们的工作效率。许多人处事就很懂得这个技巧，所以他们在与同事的交往中，不用花言巧语就能赢得大多数人的喜爱，这些人有很强的号召力，做起事来也就更加从容，效率更高。

人都是先帮助别人，才能有资格叫人家来帮助你，这就是自己先提供协作，然后要求人家配合。千万不要认为工作和私人是两码事，不要固执地认为同事之间总是为了利益而相互倾轧，因此将自己封闭起来，不与同事进行合作。如果你这么认为，那么你所在团队的合作关系必定朝着恶性方向发展。

协作的互助原理就是：你在关键时刻帮人一把，别人也会在重要时刻助你一臂！

曾有人和上帝谈论天堂与地狱的问题。

上帝对这个人说："来吧，我让你看看什么是地狱。"他们走进一个一群人围着一大锅肉汤的房间，每个人都拿着一只可以够到锅的汤匙，但汤匙的柄比他们的手臂长，没法把东西送进嘴里。每个人看起来都营养不良，饥饿又绝望。

"来吧！我再让你看看什么是天堂。"上帝说。他们进入另一个房间，它和第一个房间没什么不同：一锅汤、一群人、一样的长柄汤匙。但每个人都很快乐，吃得很愉快，因为他们互相用自己的汤匙舀肉汤去喂对方。

因为自私，人们不肯帮助别人，不肯为别人而牺牲自己一丁点利益，结果往往是害人不利己，自己失去的更多。其实，帮助别人就是帮助自己。在一个团队中，只有和别人打成一片，不做"孤家寡人"，这样工作效率才会真正提高。

其实，执行说起来难，而做起来没有什么太多的秘诀，只要你遵循保持良好同事关系的原则，掌握与人保持良好关系的技巧，你会发现：融入团队并不是一件难事，利用团队提高执行效率竟然如此容易。

为了更好地与团队合作，一定要试着与同事建立起亲密的关系。当你与同事建立起亲密的关系时，这种个人之间的良好关系就会潜移默化地改变着自己的工作效率。

思考

你如何理解"团结就是力量"？个人力量和团队力量之间的区别是什么？

想想你在日常共事中，有没有以友好的态度对待别人？是不是表现出防范、排斥和过强的竞争姿态？你觉得怎样才能和不同性格的人相处？

点灯照亮别人也照亮了自己，有分享才有分担

高效率的员工善于总结，乐意将经验、教训和大家分享，与所有人一起成长，因为个人效率的提高依赖于团队全体伙伴的成长和帮助。

著名咨询公司麦肯锡有一个重要的工作法则：不要重新发明车轮。其意思就是，当资料库内拥有相同或类似的资料时，就应该拿过来让大家应用，而不要再浪费时间和资源重新创造。其实，这一方式适合于所有追求高绩效的团队。

为什么分享如此重要？因为分享将使得团队减少大量的摸索时间和成本，无论分享者分享的是失败的经验还是成功的经验，你都会发现他的经验对你来说尤其重要。最为关键的是，当你在为某个问题绞尽脑汁之时，你的同事可以轻松地帮助你解决这一问题。

漆黑夜晚，一盲人打着灯笼走在路上。禅师上前问："你是盲人，为什么还要打灯笼呢？"盲人说："夜晚没有灯光，怕互相碰撞，所以打着灯笼。"禅师感叹："原来你所做的一切是为了别人！"盲人答："不，为我自己！"

不是么？每个人都有一盏心灯，点亮属于自己的那一盏灯，既照亮了别人，更照亮了自己。这位盲人的可贵之处，不仅在于他照亮了自己，更在于他照亮了别人。从分享的角度来说，照亮自己和照亮别人是一个铜钱的两面，辩证地相互依存着，悟懂了其中的含义，你就悟懂了生存的至高智慧。

生活中需要分享，同样，职场上也需要分享。和同事分享最新的行业信息，和员工分享企业的最新规划，和合作伙伴分享数据资源……分享，

不是泄露商业机密，不是把自己的劳动所得双手奉送给他人，而是互相帮助，共同利用对大家有利的资源，以达到最好的协作效果和获得最好的效益。

在职场中，人缘不好的人常常有一个坏毛病，那就是不愿意把自己的成功经验与他人分享，甚至总觉得看谁都不入眼，其实这种人是最笨的。善于分享的人才是善于合作的人，他们是懂得借助团队力量的聪明人。

狼是一种善于与成员分享经验的动物。幼狼到了能够独立生存的年龄，有经验的狼会教给它们捕食的手段和生存的技巧。

在教幼狼学习这些技巧的过程中，成狼有时候会表现得非常粗暴，对贪玩或不好好学习的幼狼不是凶狠地咆哮，就是呲着牙齿进行恫吓，或者干脆毫不留情地扑过去撕咬，以致把幼狼咬得遍体鳞伤。

母狼还会在寒冷的冬夜将幼狼赶出温暖的洞穴，让它们自己出去寻找过夜的地方，也会逼迫它们自己出去捕食。就这样，幼狼在残酷的生存环境中，在这种严酷多于温情的打骂教育中一天天长大了，它们毛色光滑，四肢粗壮，也会间或合力捕猎了。

母狼对幼狼的要求严格得可谓残酷，但却是给幼狼传授生存经验的最有效的方式之一。按照动物学家塞顿的说法，野生动物获得生存技能主要有三个来源：

第一，祖先的经验。以本能的形式呈现是与生俱来的技能，是祖祖辈辈经历的自然选择和磨难而留在种族上的烙印。在生命的最初阶段，这是至关重要的，因为它从动物出生的那一刻就起着引导作用。

第二，动物父母和同类的经验，主要通过事例学习。从幼兽开始学习奔跑的时候起，这点就开始重要起来。

第三，动物个体自身的经验。随着动物年龄的增长，这点变得越来越重要。

狼群平时非常注意成员之间的经验交流，一只狼学到了一些知识，通过交流传授给其他狼。而且，狼群非常重视对幼狼的训练，它们有时候会冒着极大的危险为幼狼叼来活着的羊，以训练幼狼的捕食技能。正是因

为狼注重种族成员之间经验的分享与传承，才使得狼始终保持一种强者的风范，没有丧失自己野性的本能和生存的本领。

由此可知，学会分享，是聪明的生存之道！这是那位盲人和狼群给我们的最大启示。一个人要想获得好的成绩，就必须学会与人分享。不要觉得与同事分享你会很吃亏，因为，只有同事也掌握了高效工作的经验，你们才能更好地合作，才能取得更大的成绩。

在职场中，懂得与同事分享既是时代的要求，更是职场中人必备的素质。你首先应该知道，你不可能一个人完成所有工作，即使看上去是你自己完成的，其中也不会少了同事之间的合作。所以，你应该摒弃自私的想法，并以与人分享的精神代替它。

正所谓："有分享才有分担。"很多时候，我们不能把一件事情考虑周全，但是众人的力量是强大的，只要我们能够利用好的话，就可以让自己变得更强大。

思考

当他人陷入执行窘境时，你是否有过帮助他人渡过难关的经历？从中你学到了什么？对方是如何看待你对他的帮助的？

在克服困难之后，你得到了什么启示？你是否乐于与大家分享这些经验？在一起交流、分享时，你学到了什么？

做个出色的搭档，以己之长换他人之长

俗话说："物以类聚，人以群分。"

要在事业上取得成功，单枪匹马终难有所成就。凡是事业成功的人，他们都拥有为自己服务的好搭档，而这个好搭档往往就是他们成功的最大因素。

在动物界中，狼就是一种非常讲"义气"的动物，狼历来就懂得和其

他动物制造双赢，比如狼和秃鹫就是一对很好的搭档。

狼和秃鹫都吃动物的腐肉，但狼在陆地上活动，用眼睛看到的范围有限。秃鹫在高空飞翔，所以它们观察的范围就比较大，更容易发现动物的尸体，但是它们却不能撕开动物厚重的皮毛。

所以，秃鹫就会找狼来帮忙，把狼引领到动物尸体前，狼撕开动物的皮毛，这样秃鹫和狼就可以共同享用可口的食物了。

在狼的世界里，单赢不是真正的赢，只有双赢互利才是真正的赢。

团队中每位成员的能力总是在某方面突出，某方面欠缺，用自己的长处补他人的短处，用他人的长处补自己的不足，这才能使他人与自己都走出失败，走向成功。

一个瞎子迷失在森林里，突然被绊倒在地，瞎子在地上摸索着，发现自己跌倒在一个瘸子的身上，他们开始交谈，不约而同地悲叹起各自的命运来。

瞎子说："我已经在这里徘徊好久了，因为我看不见，所以找不到出去的路。"

瘸子说："我也躺在这里好久了，因为站不起来，所以无法走出去。"

突然瘸子大叫道："我想到了，你把我背在肩上，我告诉你往哪里走，我们联合起来就能够走出森林。"

于是瞎子背上了瘸子，瘸子指点着瞎子，二人很顺利地走出了森林。

人无完人，每个人都既有长处又有短处。步入社会，我们每天要和形形色色的人打交道，在社会的每个角落都不可能是孤立的，必须通过与其他人合作完成工作任务。如果你在公司里工作，那么，你是否具有团队精神，就直接关系到你的业绩。

2004 年 6 月，拥有 NBA 历史上最豪华阵容的湖人队在总决赛中的对手是 14 年来第一次闯入总决赛的东部球队活塞队。

赛前，很多人相信活塞队坚持不到第七场就会败北。因为湖人队拥有由科比、奥尼尔、马龙、佩顿"四大天王"领衔的"超级团队"，场上的每个位置几乎都由全联盟最顶尖的球员占据，再加上传奇教练"禅师"菲尔

·杰克逊对湖人队的精心整合，在许多人眼中，湖人队是NBA历史上最强大的一支球队。昔日，强手如林的西部众豪门队纷纷被其挑落下马，更何况活塞这样一支缺乏大牌明星的东部球队。

然而，最终的结果却出乎意料，湖人队几乎没做什么抵抗便在5场比赛后以捌扭修一下败下阵来。是什么导致了湖人队的失败呢？

人们找到了这样的原因：OK组合（以奥尼尔和科比的头一个字母命名）相互争风吃醋，都觉得自己才是球队的领袖，在比赛中单打独斗，全然没有很好的配合；马龙和佩顿只是冲着总冠军戒指而来，没有真正融入整个团队，也无法完全发挥其作用。

当球队如同一盘散沙的时候，其战斗力自然会大打折扣。所以，湖人队的折戟是必然的结果。

对于我们每个人来讲，自身各方面的发展都不可能是平衡的，必然有所长也有所短，有优点也有缺点。所以，要完成一项任务就需要不同种类的人才形成互补，才能使任务整体上获得正常的进展。

所以，那些真正会做事的人、优秀的人，就既能在竞争中展示自己的才华，又在竞争中配合他人，帮助他人，体现出高度的团队精神。他们非常清楚自己的优势和缺点，也明白谁能为自己提供必要的支援，所以他们会找这样的人做自己的“搭档”，用自己的所长去换取他人的所长。

2000年，比尔·盖茨把自己设定为微软“首席软件架构师”，而把CEO一职让给鲍尔默。

鲍尔默说：“比尔以其独有的才华，为产品和技术战略调制配方，但是CEO的职责是另外一回事。我们达成默契，认为他应该集中精力完成那些别人无法完成的工作，而我则更高效地扮演CEO的角色。”

比尔·盖茨和鲍尔默之间形成了很好的互补，这才共同造就了微软帝国的神话。

可以说，在专业化分工越来越细、竞争日益激烈的今天，靠一个人的力量是无法面对千头万绪的工作的，所以一个人不能是一个“独裁”者，而应是一个好“搭档”。如果你是一个出色的“搭档”，那么你就会受欢迎，大家就会主动地帮助你。

团队合作就是一种为达到既定目标所显现出来的自愿合作和协同努力的精神，所以团队成员只有取长补短才能达到双赢，才能在帮助别人成功的同时也实现自己的目标。

思考

在执行任务的过程中，有什么障碍是你能帮忙铲平的？是否有过别人帮你做事，你觉得自己应该做些什么作为回报呢？

你是如何看待“竞争”与“合作”之间的关系的？你认为如何做才能更好地达到双赢？

做一个灵活变通的员工，当个会跑位的射手

在足球比赛中，我们常常会听到“跑位”这个词。“跑位”，就是指球员在场上根据形势的变化来移动自己的步伐、调整自己的身位以达到战术要求，简单来说就是无球跑动。

从触球时间这个角度来说，跑位对于球员的重要性甚至要大于技术。一名球员在90分钟的比赛里，真正触球的时间最多只有三分钟，剩余的时间大部分是在跑动。因此，一支球队的实力并不体现在球员带球的速度有多快、带球能力有多高，而是取决于整支球队的跑位意识有多好。

其实，“跑位”对于执行到位也非常重要。在工作中，一个做事灵活、懂得适时变通和“跑位”的人，无疑会时时走在别人前面，工作会更高效，职位也会“爬”得比别人更高。

明和阳住在同一村子，他们都很聪明，可由于出身贫穷，初中还没毕业就都辍学打工去了。由于他们能吃苦，不久，他俩就在一个制陶厂找到了工作，但待遇不算好，做的也是最粗最累的活儿。

没过多久，明对阳说：他想继续学习，报了夜校想学一点工商管理的

知识。

阳并没有表示什么，只是点头笑了笑，明想这其中多少有不屑的成分，从那天开始，他一边学习工厂的技术，一边读夜校学习工商管理知识。

没过多久，工厂因为一名技术人员偷窃而把他开除了，当车间主任苦于找不到替代的相关人员时，明及时向班长毛遂自荐，很自然地得到了他想要的那份工作。

成为技术工人之后，明感觉自己已经找到改变前途的机会，工作更加卖力，学习也更加刻苦了，他通过所学的知识经常向车间主任提出自己的意见，这一切老板都看在眼里，记在心上。

在这家工厂工作的第三年，明的上司车间主任从自己的位置上退休了，明很顺利地升到了车间主任的职位，而这时的阳还在做着最苦最累的工作。

在执行中，懂得适时地"跑位"具有这样两重含义：一是执行者要有主动"跑位"的意识，也就是做完一件事，不必等着别人来安排和交代，就立即主动去做其他应该做的事情。二是在团队中的"跑位"是相互的，也就是说，当某个人或某个环节出现问题和漏洞时，立即有另外的人或者另外的方案补上，保证执行的圆满。所以，无论是前者还是后者，对于执行到位和提高效率都有非常重要的意义。

一家建筑设计公司在完成某项重大的承包项目之后，举行了一场隆重的剪彩仪式，有六位重要领导人物应邀剪彩。当剪彩仪式开始，六位领导一起走上台，公司老总突然发现台下坐着一位曾经相当有影响的该公司的退休干部，于是邀请这位元老级人物一起上台剪彩。剪彩仪式的筹备人员心想，坏事了，就有六把剪刀，没有准备多余的。尴尬的场面眼看就要发生了。

正在这些人员惊慌之际，一位参加剪彩仪式的公司业务主管迅速走上台，递上准备好的剪子，这样几位领导人物在万人瞩目之下剪完了彩，随后是一阵热烈的掌声。

仪式的筹备人员对这位业务主管很是感激，随即问他是怎么预料会有一位重要人物上台剪彩的。这位主管说自己并不知道有几位领导出席仪式,只是在大衣口袋里准备了几把剪子。如果当时老总再叫一两个人上台,口袋里的剪子也够用。筹备人员听了,情不自禁地夸赞说:“你想得还真周到,多亏你帮了大忙,要不然老总要拿我们问事了。”就这样,这位主管在关键时刻起到了补位的作用,防止了意外的发生。

在执行中,承担某项任务的员工难免会遇到急需处理的意外而造成缺位,或者由于任务执行过程中新出现了需要由专门人员负责的事情,这时如果没有“跑位”意识,不能很好地“补位”,就会出现等待、停滞的现象,最终影响到团队的整体战斗力和执行的效果。

将执行落实到位,首先要树立起高度的“跑位”意识,在执行中出现缺位时要主动及时地去“补位”,这样才不会因为缺位而造成执行不力。

所以,要想有效地提升自己的执行能力,就要懂得以老板的心态对待公司,用自己智慧的头脑成就完美的执行,这种因懂得“跑位”和“补位”的奖励可能不是今天,但不需要多久必会兑现。

思考

你对岗位具有较强的适应能力吗?面对一项突来的任务,你做好适时改变自己的准备了吗?

你怎么才能让人相信你能够担当重任?怎么才能让人相信你可以被委以重职?你是否总是习惯于做大家都会做的事情,为什么不给自己一个突破的机会呢?

第8章

高效执行，让优秀成为一种习惯

执行力是一个系统工程，与态度有关，与能力有关，与决策有关，也与职业习惯有关。

组织的执行力来源于个人的执行力，个人的执行力取决于个人是否具有良好的工作方式与习惯，是否有正确的工作思路与方法。执行低效的人主要有这几种表现：

——不会自己发现问题，不知道“希望的”和“标准的”如何区别；

——不会自己思考问题，不知道造成事情结果的“原因”或“原因的原因”是什么；

——不会自己解决问题，不知道自己有什么“方法”，也不知道能从别人那里学到什么“技巧”。

这些缺点，往往基于一种常见的执行漏洞：没有强制自己养成高效执行的习惯。

正所谓“思想决定行为，行为形成习惯，习惯决定性格，性格决定命运”，要想做到有效执行，高效率地执行，就一定要养成高效工作的习惯。

找借口不如找方法，能干不如肯干

一说到执行，人们首先想到的，就是做事的能力。能力对执行当然至关重要，但是比能力更重要的是精神，这种精神就是——不找借口而是找方法，既要能干更要肯干。

也许你的学历不是最高的，经验不是最丰富的，技术不是最熟练的，但是如果你肯干，愿意找方法，照样能成功，照样能做事高效。

有一个人在台湾卖菜，每天挑担子去菜市场，一天大概能赚200块，生活过得不松不紧。可是他观察到，在台湾，人们在农历每月的初二和十六，都要拜土地爷。他灵机一动，如果他们都出来买东西，就不能工作了，对老板来说，这是不划算的，如果我提供给他们这样的服务，那不是有很大的机会吗？

于是他去了一栋16层的大楼，那里共有160家企业。他对那些公司老板说，我是菜市场卖菜的，就在你们这栋楼附近。我看你们的会计每月都需要出来买菜，每月要浪费两天的工作时间，你们发给他们工资不是让他们来买菜的，买菜这种事我来做好了。我这儿有三种菜单可以让你选，一种是A餐，一种是B餐，一种是C餐。A餐台币1500块，B餐1000块，C餐500块，一个月两次准时配送到公司门口，只要一年结四次账，每三个月结一次就好。于是一个月两次3000块，160间公司一栋楼，就是48万，一年就是576万。现在，他已经管15栋楼了，年营业额将近一个亿。

卖菜也能卖出花样，卖出创意，并能根据人们的心理引导大家的消费，不可谓不聪明。

对于我们每个人而言，工作可能是我们不可改变的牌。不能改变手中的牌，就改变出牌的方式。这就是一种智慧，一种变通，一种寻求方法的途径。我们只要改变自己的思路，改变行事的方法，就能力求将“坏”

变成“好”，继而让自己变得优秀、变得卓越。

但是，在工作中我们却常常听到这样的声音：这不是我的错；这件事不应该由我来负责；这次任务失败的原因是他们不配合……如此等等，可谓花样翻新，五花八门。这些声音都出自一个原因，那就是努力找借口，摆脱自己的责任。而且，找借口逃避责任的人往往能侥幸逃脱，他们甚至常常为自己能逃脱责任而自鸣得意。

避免或逃脱责罚是人类的一种强烈本能。然而，执行讲究的是真实有效的结果，这就要求执行者要勇于承担责任，而不是找理由和借口推拖责任。因为理由和借口往往会制约我们前进的步伐，减慢执行的速度，从而降低做事的效率和质量。

杰拉德是美国一家公司的财务人员。一天，他在做工资表时，给一个请病假的员工定了全薪，忘了扣除他请假那几天的工资。后来杰拉德发现了这个错误，于是他找到这名员工，告诉他下个月要把多给的钱扣除。这名员工说自己手头正紧，请求分期扣除，但这么做的话，杰拉德就必须请示老板。

杰拉德当然明白主动把这件事告诉老板，老板肯定会责怪他，但是杰拉德没有逃避责任，更没有为此编造借口或理由搪塞老板，他比任何人都明白这件事情是因为自己工作失误造成的，他要自己对这个错误负责，于是决定到老板那儿承认错误。

当杰拉德走进老板的办公室，告诉老板自己犯的错误后，万万没有想到老板却帮他说话，老板很生气地指责这是人事部门的错误，但杰拉德再度强调这是他的错误。老板又大声指责这是会计部门的疏忽，当杰拉德再次认错时，老板站起来拍了拍杰拉德的肩膀，语重心长地说：“嗯，不错，我坚持不说你所犯的错误而指责别人，是为了看看你承认错误的决心到底有多大。好了，现在你去把这个问题按照你自己的想法解决掉吧。”

事情很快就解决了，而之所以能解决得如此之快，正是因为杰拉德勇于承认自己的错误，并且还被老板更加器重。

犯了错误，肯定要承担一定的责任，取得老板谅解的最好办法就是，

抢先一步到老板那里承认自己的错误。事实上,很多时候,如果你能以积极的心态,勇敢地承认错误,并把责备自己、忏悔改过的话说出来,反而会得到老板原谅和理解,这样你就不会为错误所累,做接下来的事才会更轻松,更有效率,更成功。

对于执行来说,很多时候并不是因为能力大就高效,更多时候往往是一种精神。所以,那些有能力而不肯干、只为错误找借口而不找方法的人,效率普遍不理想;而那些乐于找方法、肯干的人,虽然有时在能力上有所欠缺,但他们有肯干、愿意动脑的精神,反而更能高效地完成任务。

可以肯定地说,任何企业的领导者,都会格外重视想方法帮企业解决问题的人。因此,这些人也更容易脱颖而出,更容易得到人们的认可,自然成就也会更卓越!

思考

当因为一个失误导致企业亏损时,你认为借口能够改变结果吗?今天你准备改掉什么习惯?你想养成什么习惯?

在执行中你一般使用什么方法解决问题?你怎样保证这些方法能被很好地利用?

准备是高效的前提,机会青睐有准备的人

俗话说,“笨鸟先飞早入林”,“早起的鸟儿有虫吃”。凡事都要早做准备,只有这样,才能比别人更快地进入做事状态,更快地想出办法,更快地付诸行动,更快地达到目标。

有一则寓言故事是这样来解释“准备”的:

有一天,一头猪到马厩探望它的好朋友马,并且准备留在马厩里过夜。天黑了,猪钻进草堆中舒舒服服地躺下来,睡到半夜,猪在半梦半醒间看见马并没有躺下,只是一动不动地站着。

猪问马为什么还不躺下休息,马说它习惯站着睡觉。猪感到十分好奇,于是问道:“站着怎么能睡呢?这样子一点也不舒服啊!”马听了微微一笑,回答:“睡得舒服,这是你的习惯。身为马,我们的习惯就是奔跑,所以即使是在睡觉的时候,我们也会随时做好奔跑的准备。”

准备是成功的保证,是执行力的前提,更是高效工作的基础。一个缺乏准备的人一定是一个差错不断的人,纵然具有超强的能力,千载难逢的机会,也不能保证获得成功。

甲和乙同是摄影爱好者。一天他们相约来到泰山拍摄日出。

经过一个晚上的攀登,他们都疲惫不堪。甲看了看时间,还有一个多小时太阳就会出来,于是顾不上休息,开始做准备工作。他支好三脚架,放好相机,安上快门线,调好焦距,万事俱备,只欠东风,甲仍然不敢大意,眼睛一眨也不眨地盯着前方,静静地等待着日出。

而乙呢,也开始做准备,只是他准备的是,支好简易帐篷,躺在里面睡觉。他想,甲所做的那些准备工作,自己都轻车熟路,几分钟就可以搞定,何必那么着急呢!于是乙决定日出前五分钟再做准备工作。

也许老天是想惩罚那些投机取巧、自以为是的人吧,这次的日出比研究人员测算的时间竟然早了半个小时。由于甲早做好了准备,成功地拍摄到了惊心动魄的日出。

乙在“太阳出来了”的呼声中醒了,赶紧从帐篷里跑了出来,可是等他做好准备工作时,太阳已经被乌云遮住了。乙捶胸顿足,悔之晚矣。

不要躺在“欲速则不达”的温床里睡大觉,否则当你醒来的时候,别人已经到了终点,那边传来了欢呼声,但它却不属于你。

拿破仑·希尔曾经说过:“一个善于做准备的人,是距离成功最近的人。”一个人要将自己的工作做好,把事情做到位,就应当认真做好自己的准备工作。缺乏准备只会让自己的工作差错不断,这样的人当然不会取得事业上的成功。

韩冰在一家外贸集团做普通文秘,她的直接老板是集团的营运总监。

文秘是一个每天要处理各种琐碎的事务性工作的岗位,说韩冰就是

个打杂的也不为过。不过她冰雪聪明，从进公司的第一天起，她就没有把自己定位在一个普通文秘上，而是把自己想象成仅次于总监的总监助理。

她一边跟公司的其他文秘学习事务性工作，一边注意着总监助理的一举一动，暗暗努力要把助理的那套本事学到手。

其他的文秘在面对总监时毕恭毕敬、一丝不苟，可只要总监一出门，她们就活跃起来，有些在那聊天，有些上网冲浪，有些偷偷做自己的私事，只有韩冰仍然在继续做上面交代的工作。即使空下来，她也会马上去回想最近几天上面交代的事情，自己有哪几件还办得不够好，还有哪些方面不足。

利用空闲时间，她还会与其他公司的文秘交换信息，打听哪里开了新饭店，哪家五星级宾馆请了新的法国厨师献技，哪天天气如何，交通情况如何，长期定点的宾馆饭店的当日状况……这些情报在上司应酬客户的时候都是关键，他的宴请是否顺利、应对是否得体，常常关系到经营上的战略部署。

当然，韩冰还在各行各业建立一些自己的关系，以备不时之需。

有一天，快下班的时候，总监突然从办公室里走出来，对助理说："今天临时有朋友来，半个小时后就会到，你现在联系我们常去的那个酒店订一个贵宾套房，再到酒店里的王朝食府订一个包间。"

助理赶紧打电话联系，可不巧的是，那个酒店的客房和食府的包间当天都已经客满。助理一下子手忙脚乱，再去找别的酒店眼看来不及，她只好去向总监请示该怎么办。总监一听也急了，这可是一个贵宾，不能够随便应付的，他问所有的文秘，谁有好的替代资源提供一下。

众人面面相觑，只有韩冰站起来说："我来试试。"她打了两个电话，很快就办妥了一切。

还有一次，韩冰跟着总监一起去见一个重要的客户，这天他要和客户签一个重要的合同。这位客户很有实力，买下了位于城市中心区的一个几进的大四合院，经过改造装修后作为自己公司的总部。

韩冰跟着总监下车的时候，看到阴沉沉的天空似乎要下雨，她故意放慢脚步，悄悄问在院门口等候的司机车上有没有伞？司机说没有，于是她摸出钱来对司机说："请你帮忙立刻到附近买一把好伞来，尺寸要大一些。"然后跟着总监进了"大宅门"。

签完约，已经到了吃饭的时间，总监当然是要请客户赏脸吃一顿"便饭"的。几个人从院子里出来时，外面已经下起了滂沱大雨。韩冰紧走几步，从司机手里拿过伞递给总监，总监风度极好地为客人打起伞，送对方上车，一切漂亮而圆满。

……

终于有一天，总监把韩冰叫到面前，对她说："从下周起，提升你为我的特别助理，同时担任文秘工作，你身兼两职没问题吧？"

要得到领导的青睐，有两件事情一定要记住：一是时刻观察和思考，有条件就去了解公司的业务、老板的思想及其他事情，业务能力会提高很快；二是时刻准备着，公司职位有空缺时，老板首先想到的是随时在他需要的时候出现，并且为他解决问题的人。

当你的学历、后台都不比你的同事们强的时候，凭什么抢到机会脱颖而出？就凭你时刻在进行观察思考，时刻在准备解决问题，对你正在做的工作如是，对你想要得到的工作亦如是。

这就是成功的真谛：机会青睐有准备的人！否则，即使机会摆在面前，也只能眼睁睁地看着机会从眼前飞逝。

思考

你有凡事预先准备的习惯吗？在做准备之前你能找到问题的核心所在吗？是否想过当前的任务应从何处入手？

想一想，你与韩冰的差距在哪里？从韩冰身上你能学到什么？你打算如何改善自己？

以老板的心态要求自己，改被动工作为主动工作

习惯虽然不能决定一切，但能影响一个人做事的风格和效率。成功者与失败者之间的差别，就在于前者已发展出良好的做事习惯。

看看那些低效率的人，他们总是被动地应付工作，为了工作而工作，在工作中没有投入自己全部的热情和智慧。他们只是在机械地完成任务，而不是创造性地、自觉自愿地工作。这种被动的态度自然会导致一个人的积极性和工作效率下降。

而高效的人，往往具有主动工作的习惯，在领导催促之前早已把工作做好了。

张良是一家合资公司的普通职员，他的工作十分简单，负责收发和传送文件。当公司里出现一些突发的事情时，其他员工总是推三阻四，不愿去做，而张良这个时候像候补队员一样，能够及时补上去。因为他愿意多做事，从来不叫苦叫累，事情完成得也很好，所以对他的指派也越来越多。有些本来不在他工作范围内的事，也常常会派给他。

有些同事开始嘲笑他，说他在被老板耍，干那么多事也不增加薪水。可是，张良对这样的议论丝毫不放在心上。他认为杂事多，自己也就有更多的学习机会，能够得到更多的锻炼，至于薪水，等到自己有更多的经验时，自然就会增加。

后来，老板注意到了他，对他的工作表现十分欣赏。张良接手的工作越来越多，也渐渐接手一些更为重要的工作。当公司需要派人去拜访重要客户或者是参加重要谈判时，他总是老板的第一人选。终于有一天，公司成功上市，而张良则以董事会秘书的身份成为公司的一名重要员工。

在工作中，问题无处不在。在出现问题后，不少员工总有一些等、靠、推、拖的心理。不仅如此，在领导安排他干工作时，不是先想方设法完成，而是先问给什么条件。如果没有满足他的条件，他就不会去干；即使去干，也总是干得很不情愿，最后要么打折扣，要么让问题悬而未决。

这样会造成什么结果？往往不仅耽误了单位的工作和事业，也阻碍了自己前进的步伐。

与此相反，一个智慧型员工必然会不计较条件，遇到问题不是只会请示领导，更不是领导答应给好的待遇和回报才去把问题解决，而是充分发挥主人翁精神，先将问题解决掉。正因为有这样的素养，所以他们往往能比一般人想到更好的方法，最后终能获得回报。

陈素贞，瑞表国际SWATCH集团中国区总裁，出生在中国台北，在获得淡江大学的MBA学位后，她一直与市场营销结缘。美国强生、美国运通、远传电信、网易，都留下过她奋斗的足迹。在一次上海东方卫视对她的采访中，陈素贞女士谈到自己的成功之路，她认为自己之所以取得了目前的成就，与自己对工作的认识分不开，她说："我一直认为，做工作就是为老板分忧，让老板轻松一点。我觉得这一点很重要，老板请你来就是让你帮他分忧的。绝不能当英雄主义者，把旁边的同事都杀光光。哪一天自己被提升的时候要觉得理所当然，而不是让人觉得是靠了什么方式得到这个位子。"

陈素贞女士的谈话为我们揭示出这样一个道理：一名优秀员工最重要的职责就是能够做好老板的"助理"，帮老板分忧，应当在工作中树立起主人翁精神，主动发现问题，做好公司需要的事。

有句话说得很好，叫做"成功是一种习惯"。乍一听像是小人得志似的炫耀，其实细想想，成功确实是基于一系列长期养成的优秀习惯。

比如，到超级市场买东西的人，首先会推一个购物车，然后边走边把牙膏、洗发水、食品等自己需要的商品不假思索地放到购物车里。当他们去拿这些商品的时候，不会非常认真地把每一个说明书再看一遍。因为，这些商品早已进入他们的习惯性思维，已经在心中有所定位，他们仅凭习惯就能买到让自己心满意足的商品。

人的一生，并不受限于环境的支配，而是为自己的习惯所摆布。习惯

就是一个人在无意识的状态下根本不需要经过思考就开始的重复性行动。可以说，高效执行的员工，更懂得把高效执行变成一种习惯。当他们把高效执行变成了一种习惯，他们就拥有了高效执行的敬业精神。

但让人十分遗憾的是，在不少单位里，我们看到的恰恰是另外一种情况：明明今天能解决的问题，偏偏要拖到明天；明明本星期可以解决的问题，偏偏要拖到下星期；明明是本月可以解决的问题，偏偏要拖到下个月……这样造成的恶果，不仅会导致工作效率低下，而且会错失重要机会，或者让小问题酿成大祸。

主动是什么？主动就是不用别人告诉你，你就可以出色地完成工作。如果想登上成功之巅，你就要永远维持主动率先做事的精神，即使面对缺乏挑战或毫无乐趣的工作，也要养成将单位的问题当成自己问题的习惯，并赶紧去解决问题，这样才能确保问题的解决和执行的高效。

俗话说："世界上没有天上掉馅饼的事。"其实这句话并不全对，掉馅饼的事是有的，只看你能不能接得住，要想在一大堆的人中抢到这个馅饼，你就要学会主动地一跳。

思考

你能以老板的心态对待执行吗？能像老板一样把公司的事当成自己的事吗？是否还可以更有效地改进目前已经满意的工作？

工作中你是唯唯诺诺地等人吩咐，还是主动发现执行中的问题？在改变中你得到了什么效果？

为了避免空折腾，超越领导的期望值

在职场中，发展最快、成就最高的人，往往是执行做得最出色的人。

那么，什么样的执行者能把任务完成到最好呢？最好的执行者和一般的执行者有什么区别呢？那就是超越领导对你的期望。

老李是出版社的编辑，已经在出版社干了十年。十年的勤勤恳恳，没有功劳也有苦劳，可是让老李感到无奈与沮丧的是，当初与他一起进来的小刘现在已经是总编助理了，而他依然是一个最普通、待遇最低的文字编辑。

老李很纳闷，自己到底做错了什么？作为文字编辑，我看的稿子从来没有出现过质量问题，每次领导布置的任务都按时完成，从来没有挨过领导的批，也没有做过任何对不起领导的事情，为什么就得不到领导的赏识呢？

尽管老李满腹抱怨，但也只能够压在心底。

一天，出版社社长把老李叫进了办公室。老李从来没有和社长正面交谈过，他想这一次肯定有什么重要事情要发生。在走进办公室的那一瞬老李还想着，自己是不是要升职了。

社长先说了一番无关痛痒的话，对老李的勤勤恳恳夸赞了一番，最后切入正题。社长说："老李，由于社里近年来效益不好，经过社里研究决定，将辞退部分员工。为增加效率和效益，降低成本，社里打算把部分编辑工作承包给一个公司。所以，你……"

后面的话社长不说老李也明白了，社里要辞退他。这对上有老、下有小的老李来说无疑是一个晴天霹雳。老李再也忍不住了，语气生硬地问社长为什么要辞退他。

社长这时候说了实话，他说："老李，虽然你按时完成了社里规定的任务，但那些任务是远远不够的，任何人都可以取代你的位置。换句话说，你在社里所处的位置是可有可无的。你无法为社里创造效益，在社里效益不景气的情况下，只能作出这样的决定。"

老李哑口无言。

老李的故事告诉我们，如果一个员工在公司的位置处于可有可无的状态，那么他被公司炒掉的危险性就很大。因为任何一个公司都不需要摆设和花瓶，如果你不能够为公司带来效益，那么公司只好请你出局。

试想一下，你在公司所做的工作人人都能够替代，公司还要你做什么

呢？如果你不想被老板炒掉，那么你就应该让自己变得与众不同，变得不可替代，也就是说要让公司觉得你很重要，公司离不开你。

那么，怎样才能做到这一点？答案就是：不仅要做好上司让你做的事，更要把工作做到超出他的期望！

有位总裁要出国办点事，远行前把三个比较信任的员工召集起来，根据每个人的才干，分别给了他们一笔钱，并且告诉他们，这笔钱可以自由处置。

这位总裁是想借此来考察一下三位员工的未来发展潜力。

总裁回来后，他把三个员工叫进办公室，了解他们对这笔钱的使用情况。

第一个员工说："老总，您交给我的5万块钱，我已用它又赚了5万。"

总裁听了很高兴，赞赏地说："不错，你既然在赚钱的事上对我很忠诚，又这样有才能，我要把我们公司比较有前途的几家子公司派给你管理，你一定不要辜负我的期望哦！"

第二个员工说："老总，您交给我的2万块钱，我已用它赚了1万。"

总裁一听，也很高兴，赞赏这个员工说："我可以把一些小的事业部交给你管理。"

第三个员工来到总裁面前，从口袋里拿出一沓钱来说："老总，您的1万块钱还在我这里，我一直好好地保存着，一动也没动。"

总裁的脸色暗了下来："你这个不思进取的人，别浪费我的钱！"于是夺回他的1万块钱，给那个已经有10万块钱的员工，并说："凡是有的还要加给他；没有的，连他所有的也要夺过来。"

第三个员工认为自己会得到老总的赞赏，因为他一直保管着老总给他的1万块钱。在他看来，虽然没有使金钱增值，但也没有丢失，应该算完成总裁交代的任务了。

要做就做到最好，只要你是最好的，世界上美好的事物就会自动向你靠拢。你想想，如果你是领导，你也会期望下属在所有事情上都能够符合自己的要求——高效、快速、完美，这是领导者最希望看到的结果。

所以，要想达到领导要求的标准，要想避免因领导不满意而使原先的工作成为“空折腾”，那么就要相信这一点，并且做到这一点，那就是：超越领导对你的期望。

思考

在执行任务时，自己总觉得“圆满”地完成了任务，为什么老板还是不满意？

你是如何超越老板期望的呢？你认为怎么做才能超越领导对你的期望呢？你超出老板的期望了吗？工作中你是否能够做到尽可能比老板要求的多一些？

效率与效能不偏颇，追求效率不急功近利

古语云：“欲速则不达。”追求效率不能急功近利，有些事情表面上看来会节约一些时间和精力，但结果往往会浪费更多的时间和精力，所以要想高效执行，就必须效率与效能共同进步。

管理大师彼得·德鲁克指出：“效率是‘以正确的方式做事’，而效能则是‘做正确的事’。”效率和效能不应偏废，同时，我们也要注意到效率和效能具有不同的重要性。每个人都希望同时提高效率和效能，但在效率与效能无法兼得时，应首先着眼于效能，然后再设法提高效率。

有一则小故事是这样说的：一个人看见一只幼蝶在茧中拼命挣扎了很久，觉得它太辛苦了，出于怜悯，就用剪刀小心翼翼地将茧剪掉了一些，让它轻易地爬了出来，然而不久这只幼蝶竟死掉了。

幼蝶在茧中挣扎是生命过程中不可缺少的一部分，是为了让身体更结实、翅膀更有力，而这种避重就轻的方法只会让其丧失生存和飞翔的能力。同样，在工作中只注重效率也许能让你获得一时的便利，但会在执行中埋下不可挽回的隐患，所以从执行任务的整体来看，是有百害而无一

利的。

正确地做事会提高我们的工作效率,可以让我们更快地朝目标迈进;做正确的事则会提高我们工作的效能,其结果是确保我们的工作是在坚实地朝着自己的目标迈进。效率重视的是做一件工作的最好方法,效能则重视时间的最佳利用,这包括做或不做某一项工作。而那些高效率人士的最大秘诀就是,在开始工作前,他必须先确保自己是在"做正确的事"。

要做好执行工作,第一重要的是效能而非效率,是做正确的事而非正确地做事。所以,高效执行的本质就应是:"正确地做事"应该建立在"做正确的事"的基础上,如果没有以"做正确的事"为基础,"正确地做事"将变得毫无意义。只有"做正确的事",然后才会做到"正确地做事"。

在任务执行中经常发生这样的情况:一些执行者每天就像上了发条的时钟,只知道机械地转,却不知为何而转。他的忙碌只是为了等待监督和检查,当上级领导指出错误时才知道错了,于是把任务重复做了一遍。其实,这还不是最可怕的,最可怕的是有的执行者反反复复把任务做了几遍,而错误仍然在那里。

正确地做事,更要做正确的事,这是一个有效提高工作效率和效能的重要方法,更是一种重要的管理思想。无论何时何地,"做正确的事"远比"正确地做事"重要。对企业的生存和发展而言,只要做的是正确的事,即使执行中有一些偏差,其结果也不会致命;一旦做的是错误的事,即使执行得完美无缺,其结果也会造成损失。

比如,有两个饥饿的人,他们分别得到了一位长者恩赐的一根鱼竿和一篓鲜活硕大的鱼。得到鱼的人马上就把鱼煮了,吃个精光,不久便饿死在空空的鱼篓旁。另一个人则提着鱼竿满怀憧憬地向海边走去,当他已经看到不远处那片蔚蓝色的海洋时,浑身最后一点力气也使完了,只能带着无尽的遗憾撒手人间。

同样是两个饥饿的人,同样得到了长者恩赐的一根鱼竿和一篓鱼,但是他们并没有各奔东西,而是商定共同去找寻大海,他俩每次只煮一条鱼,经过遥远的跋涉,来到了海边。从此,两人开始了捕鱼为生的日子,几年后,他们盖起了房子,有了各自的家庭,有了自己建造的渔船,最终过上了幸福安康的生活。

得到恩赐是一种幸福。不过,单单得到一根鱼竿或者一篓鱼还不够,还必须同时拥有这两样东西才可能最终得到幸福。

做事要讲求效率,不单单是指做事的速度,譬如小明 1 小时能打 10 瓶酱油,而你能打 20 瓶,你的效率的确比小明高,但是酱油打回来一看,瓶子里装的全是醋。没有正确性而徒有效率只是在浪费体力罢了。

效率意味着"正确地做事",而效能则意味着"做正确的事"。正如管理大师彼得·德鲁克所言:"即使是最为健康的企业,即效能最佳的企业,也会由于效率低下而衰败。然而,如果一家企业拥有最高的效率,但却运用在完全错误的方向,那它也注定无法生存,更遑论成功。"

做正确的事,追求效益;正确地做事,追求效率。二者都有益于提升我们的执行力,但必须二者结合,才能相得益彰。就像在拉力赛中,车手不仅要始终保持正确的方向,还得比其他车手开得更快,这样才能最终获胜。

效率与效能不可偏废,其传达给我们的思想就是:在执行过程中,效率和效能一个都不能少,否则,就谈不上成功与高效率了。

思考

在执行中,你是以"正确的方式"做事,还是做"正确的事"?你如何看待效率与效能的关系?

如何才能做到既保证效率又做到有效能?你觉得自己应该怎么扭转颓势?是否想过先着眼于效能,然后再设法提高效率?

将知识转变成能力，干一行要精一行

很多人以为，学习仅仅是青少年的事情，自己既已是成年人，并且早已走向社会，再学习毫无必要，除非是为了取得文凭，殊不知这种思想是错误的。

在生活中，我们经常看到这样一种现象：同一个班毕业的同窗好友，多年以后，有的成为政府高官，有的成为企业领导，有的只是普通职员，还有的每天连肚子都填不饱。同样的学历，同样的专业，人与人之间的差别为什么如此之大？关键就在于每个人对所学知识的运用和转化能力不同。

知识好比是剑，能力好比是剑术。有好剑，没剑术，剑就是废铁一块；有剑术，没有剑，只能是死路一条。我们不仅要有剑，更要有剑术，这样才能无往不胜、所向披靡！

马里哈是芝加哥煤炭集团公司的一名职员，在这里，他是一名有20多年工龄的普通却不平凡的员工，从烧锅炉到司炉长、班长、大班长，至今，他仍然深爱着伴他从成长到成熟的锅炉运行岗位。最后，就是在这个岗位上，他当上了锅炉技师，成为美国远近闻名的“锅炉点火大王”和“锅炉找漏高手”，也正是这个岗位，让他感受到了作为一名工人技师的荣耀与自豪。

马里哈凭着一副听漏的“神耳”，只要围着锅炉转上一圈，便能在炉内的风声、水声、燃烧声和其他声音中，准确地听出锅炉受热面哪个部位的管子有泄漏声，往表盘前一坐就能在各种参数的细微变化中，准确判断出哪个部位有泄漏。

除了找漏之外，马里哈还练就了一手锅炉点火、锅炉燃烧调整的绝活，在用火、压火、配风、启停等方面，他都有独到的见解。针对锅炉飞灰回燃不畅问题，他提出技术改造和加强投运管理建议，实施后使飞灰含碳量平均降低到8%以下，锅炉热效率提高了4%，为企业年节约32万美元。针对锅炉传统运行除灰方式存在的问题，马里哈提出“恒料层”运行，经实施，解决了负荷大起大落问题，使标煤耗下降，年节约2000多万美元。

马里哈虽然学历不高、工种一般、职务也低，但他却成为了社会公认的技术能手和创新能手。可见，只要通过努力，干一行、爱一行、精一行，就会在事业上取得相应的成绩。

无论你目前从事哪一项工作，一定要使自己尽可能地去掌握一门技能，在主动提高自己技能的同时，你更应当明白，自己这样做的目的并不是为了获得金钱上的报酬，而是为了自己事业的长久发展。更重要的是，只有掌握了必要的技能，才能在自己的终生事业中成为一名杰出的人物。

在美国，曾有一家报纸以“一个针孔价值100万美元”为大标题，突出报道了这样一件事：

美国制糖公司海运方糖到南美，因途中受潮，损失不小。请专家研究解决办法，虽然耗资不小，但始终没有收获。这时，公司一个工人经过认真考察，发现轮船有通风设备，只是方糖包裹得紧紧的，密不透风。他试探性地在一些包装盒上打了几个针孔，让两头通气，这些方糖就不再潮湿。工人将他的发现告诉老板，因此获得100万美元的奖励。

一个日本人读了这一报道后，也对针孔产生了兴趣。他试着在打火机的火芯盖上钉了小孔，结果，原本灌一次油只能用10天的打火机可以使用50天。很快，他申请了专利，并投产了改进后的打火机。

后来，这位日本人发散自己的思维，在女性用的纽扣上打个小洞，并注入香水，因为液体易进不易出，从而让香气微微散发，丝丝飘飞，长期芳香诱人。这种新纽扣一经投产即博得女性的喜欢，因此订单很快如雪片般飞来。

美国工人以针孔解决方糖潮湿问题，依据的仅仅是初级物理知识，但实用性却很强，获巨奖是理所当然的。而日本人则善于从中学习，找到解

决难题的方法，并运用到自己的生活中来，取得了巨大的效益。

无论从事什么样的职业，除了要喜欢上它，更重要的是要精通它，这样，才能让自己成为工作方面的行家能手，才能让自己成为职业领域的专家，赢得良好的声誉。记住：干一行，精一行，你就永远不会失业。

在科学技术飞速发展的今天，我们只有以更大的热忱，如饥似渴地学习、学习、再学习，才能使自己丰富和深刻起来，才能不断地提高自己的整体素质，以便更好地投入到工作中去。

思考

你曾有因为缺乏恒心和决心而放弃学习的机会，从而与成功失之交臂的经历吗？

你是否认真地反省过，把每一次的过错当做一次宝贵的经验，做到吃一堑、长一智，而不是一味地后悔或自责？

你认同“学习能力是保持竞争力的最好方法”吗？你采取了什么具体行动？你是否会寻找一切时机去实践？

第9章

高效执行，关键时刻勇于闯关

许多高效率人士不一定比你“会”做，重要的是他比你“敢”做。

如果你想成为高效率人士，一方面要通过学习和实践不断增长智慧，另一方面还要永远保持冒险精神。

有胆有识、做事果断的人，能给人一种行事干练、决不拖泥带水的印象。这种人不但易于让人尊重，而且办事成功的几率也大大高于那些拖沓、优柔寡断的人。

聪明常被聪明误，大智若愚者才容易成功

在竞争激烈的社会中，工作犹如逆水行舟，不进则退，任何倦怠与逃避都有可能使你丧失前进的动力，这样的消极行为积累日久，最终会导致职场上的失败。

要想工作顺利、事业成功，必须绷紧一根弦，勇于挑战，不惧怕任何压力与困难。事实上，只要顶住压力、迎难而上，就会有成功的可能。任何逃避困难、在困难面前停步不前的做法都是不可取的。

在这个世界上，那些最聪明的人并不一定能成功，那些最蠢笨的人也不一定会成功，而只有大智若愚的人才容易成功。为什么？

比如，前面有一条小河，对于那些聪明的人来说，当他不知道深浅时，一般是不敢跳下去的，因为他怀疑水太深，万一淹死了怎么办。所以，他会一边在河边徘徊，一边周密地计算着。可是，时间过去了很久，他在心里还是犹豫不决。

这时候，最蠢笨的傻子也赶到了河边，他可不像聪明人那么爱思考爱疑惧，一看水面不到两米宽，嘴里一边喊着"这算啥呀"，一边伸脚跳过去，说话间就"扑哧"一声掉进了水里。没想到，这儿的水竟深不见底，一下子就把他淹没了。一件事情没看明白，很不值得地就付出了生命。

这时候，聪明人在心里不禁为自己刚才的计算和犹豫暗暗得意，双脚却不知不觉间悄悄退后了一步。

那么，大智惹愚者呢？他也看到了傻子淹死的那一刻，于是汲取了傻子鲁莽的教训，判断出过河只有一条路可行，那就是勇敢地跳过去。可是，他又看到聪明人计算那么长时间还没有行动，在心里也是忐忑不安，没有把握，他也想等一等。

谁知，这时候天公偏不作美，倾盆大雨说来就来了，他没有地方逃避，而河对岸却有一间茅草小屋，没有其他退路。于是，他想了想，果断地退后几步，然后使劲地加速度往前跑，一跃而过。跳过之后，他还不由自主地回头看了一眼，心想：好险呀！

当然，由于大智惹愚者的人不像傻子那么笨，在聪明人还在原地踏步的时候已经抢先跳出了这一步，为自己创造了机遇，所以现在人们都称他为“成功者”了。

光有胆量的人容易像傻子一样，鲁莽行事，无谓牺牲；而光有见识的人则容易像聪明人一样，过于谨慎，痛失良机；只有那些大智惹愚者的人，他们的胆量比聪明人大，见识又比傻子多，所以他们既敢于冒险又懂得吸取教训，经过努力能够得到自己想要的东西。

敢为别人所不敢为，你就有可能成为强者，成为幸运儿；逃避困难，在困难面前停步不前，只能成为失败者，没有任何效能。那些在事业上获得巨大成就的人，其成就无一不是在困难面前苦守、敢于挑战的结果，所以他们成了成功者、幸运儿，其成就又使他们产生出更多的勇气。

要使工作卓有成效，就不要希冀工作会一帆风顺，没有胆识就没有成效，只有不断地迎难而上，才能让自己变得更坚强，才会具有真正的英雄气概。

思考

你具有挑战精神吗？工作中是否有过因为放弃而使任务执行失败？思考一下，为什么大智惹愚者的人更容易成功？

在成功之路上，你认为最大的障碍是什么？你觉得怎样才能激发出自己挑战的勇气？

出现问题时不要恐慌，而应积极地解决

一流的人，总是找方法去解决问题；而末流的人，总是找借口回避问题。

在每个企业的运行中，都会面临这样那样的问题，有些问题甚至带有

很大的危害性。要做好执行工作,就要迅速地想出解决办法,而不是在难题面前束手无策。

汉献帝建安二十四年,魏国大将夏侯渊在定军山被黄忠斩杀,曹操得知后亲率大军二十万杀奔汉中,要为夏侯渊报仇。

黄忠自告奋勇深人敌后去夺取曹军的粮草。诸葛亮放心不下,令赵云也领一支人马同去。

黄忠在北山脚下被围,苦战多时,脱身不得。赵云见黄忠去后许久不归,急忙披挂上马,前去接应,先后两次杀入重围,救出黄忠及其部将张著。

曹操在高处看到赵云东冲西突,所向无敌,愤然大怒,自领左右将士追赶。

眼看大军追到蜀营军门以外,守营的将领张翼看到敌我悬殊,情势危急,慌忙要关闭营门,赵云喝止,一面让弓弩手埋伏到寨外,一面下令大开营门,并偃旗息鼓,自己单枪匹马立于营外,魏将张部、徐晃先到,看到这番情景,疑心设有伏兵,不敢向前。

曹操到后,却催督众军,大喊一声,杀奔营前。

这时,赵云大智大勇,依然纹丝不动,魏兵以为确有伏兵,转身就往后逃。

赵云乘机把枪一招,蜀军鼓声震天,杀声动地,强弩硬弓一齐射出,魏兵心慌意乱,只顾逃命,互相践踏,死伤累累,拥到汉水边时又互相争渡,落水淹死者无数,大量兵器被丢弃,而蜀军无一伤亡,取得了出乎意料的胜利。

刘备得知后,亲自到现场了解作战经过,对诸葛亮赞道:“子龙(即赵云)一身都是胆!”

很多人之所以执行不到位,并不是别人否定了他,而是一出现问题早已自己否定了自己。要做好执行就要带着一种去战斗的精神,并告诉自己“我能行”。其实,很多时候,只要我们带着自信的决心去攻克难题,你就会发现它比你想象的更容易解决。

在美国某州公路上急驰着一辆载满面包的车。这个州发生了水灾,面包脱销,到处缺货。汽车走到半路被饥饿的灾民发现,车子被团团围住,人们抢着要买车上的面包。押货员感到十分为难,说什么也不把过期的面包卖给这些人。

这时，恰巧有记者跑来，询问发生了什么事情。

记者一听，觉得有趣，一方面是急需购买面包的灾民，另一方面是押货员碍于公司规定，怎么也不卖车上过期的面包。

“不是我不肯卖，”押货员说，“我们老板规定得太严格，她规定不论在任何时候、任何情况，都不许卖过期的面包。如果有人明知故犯，把过期的面包卖给顾客，就一律开除。我要是把过期的面包卖给他们，我的饭碗就砸了呀！”

他的话虽然能引起人们的同情，但怎么能抵挡得住灾民们要买的心呢？

记者说：“先生，现在是非常时期，您就把这车面包卖了吧，总不能让这些灾民失望吧！”

押货员起先无奈，但突然灵机一动，以神秘的表情凑到记者面前说：“卖，我是说什么也不敢，如果他们强行上车去拿，我就没责任了。”

“那岂不是抢劫吗？”记者说。

“他们把面包强行拿走，凭良心留下应交的几个钱，那就不是抢劫，而是强买。”

大家恍然大悟。片刻，一车面包就这样被强买光了。几天后，这条消息在报上被详细地披露出来，这家面包公司的声誉陡然上升。

任何问题都是一次机遇，都会有积极的一面。作为执行者，在工作中遇到问题是再正常不过的事，所以不要马上就给问题定论——这是个坏事。甚至，马上找到老板或其他同事，把事情一干二净地从自己身上推出去。

问题不在于大小，而在于是否能够解决，甚至把它消灭在萌芽之中。你应该做的是，立即思考问题产生的原因，看看以前有没有出现过类似的问题，并对问题作出一个前瞻性的预测，看看是向好的一面发展，还是向坏的一面推进，然后开动你的脑筋思考。也许问题完全可以变成一个积极的成功机会。

对于执行者来说，一定要明白：问题不可能因回避而自动消失，推卸责任只能使问题更严重。最好的办法就是做个有心人，勇敢地承担起自

己的责任，积极地寻找有效的解决办法。

你能够解决问题，就预示着你有更多的发展机会。你为老板带去好的解决办法，而不是林林总总的问题。这就是执行者在工作中应该做的事，更是建立自己强大职场形象不可或缺的条件。这其中蕴涵的就是机遇——你会被老板认可，为自己带来提升！

所以，要提升执行力，就要树立比他人更强烈的问题意识。人们常说："凡事需用心。"当一个人真正用心做事的时候，他就会真地一丝不苟地把事情做到最好。

思考

工作的过程中你有没有遇到突发事件？你是怎么处理的？

在执行过程中，当执行路径发生变化时，你的做事策略也能随之发生变化吗？如果不这样做的话，你觉得会有什么后果？

办大事需要闯劲，关键时刻绝不能缩手缩脚

刘晓菲毕业后进入一家化妆品公司工作，培训完了没有几天，经理决定让一个富有经验的老员工到华南一个城市建立新的市场拓展点，公司在背后提供一些人力和物力的支持。但是，当经理提出这个计划时，那些老员工个个低头沉思，都没有主动请缨。此时，经理的目光在刚进入公司的新人身上巡视了一遍，大家也都低下了头。此时，刘晓菲热血沸腾，举起手说："报告经理，我想去。"

"但是，你……"经理话还没有说完，刘晓菲便抢着说："我想自己会努力把事情做好的。"

出于对新员工的考验，经理同意了她的要求。下班后，刘晓菲为自己一时的冲动有些后悔，回到家中，父母和哥哥也指责她少不更事。但是，刘晓菲鼓励自己说："就冒这一次险，权当是对自己的一次磨炼。"因此，

她便轻装上阵了。

因为对刘晓菲这个新员工的胆识赏识,公司给她制订了一套严谨的工作方案,并在后方提供咨询服务。经过三个多月的艰苦奋战,刘晓菲终于在华南的那个城市里建起了一个小规模的市场拓展点,因此,被提拔为那里的部门副经理。同时,在开展这项工作的过程中,她的见识和能力也实现了飞跃式的突破。

有行动能力的人,不需要行动的理由,就能够毫不犹豫地迅速行动。他们绝不是先找到理由再行动,而是先行动起来再考虑"我为什么做这件事"。理由与必然性总是在"行动"之后才产生的。因此,要敢于冒险,并尝试去做,这才会踏入高效的第一步。

一个少年家中长了一棵枣树,每年这棵枣树都结出大而红的果实,每年他都盼望能将这些大红枣摘下来尝尝鲜。但是,少年的父亲对他说:"孩子,这树上的枣虽然又大又红,但是你千万不要贸然去采摘它,因为这棵树很高,如果你爬上去的话,很容易摔下来,把腿摔断。"少年很听父亲的话,年复一年看着红枣成熟,忍着流出的口水。

终于有一天,少年再也忍不住诱惑,趁父亲不在家,独自爬上了枣树,采摘了很多红枣,然后飞快地爬下来,开始享受美味。他第一次尝到了盼望已久的大红枣,那滋味真是美妙至极。

当他吃完了红枣后,突然想起父亲的嘱咐,他低下头,看了看自己完好的双腿,又用手摸了摸,果真是完好无损啊!他为自己的成功庆幸,从此,他懂得了一个道理:没有冒险精神,就不会有伟大的收获。

看看那些在事业上获得巨大成就的人,其成就无一不是在困难面前苦守、敢于挑战的结果。他们不被接连不断的挫折与困难压倒,反而变得更加坚强,显示出坚定不移向既定目标前进的英勇气概。

工作是包含了许多智慧、热情、信仰、想象和创造力的一个词。那些非常有成效和积极主动的人,总是能够在工作中付出双倍甚至是更多的智慧、热情、信仰、想象和创造力。而那些失败者和消极被动的人,只会把这些深深地埋藏起来,只懂得逃避、指责和抱怨,并不主动自发地把自己

的热情投入到工作中去。

无论你从事何种职业，只要能够做到努力拼搏，有一股做事不赢不罢休的信念，那就没有人能阻止你成功。

有一家日本企业，刚开始的时候效益还算不错，可是没过几年，却突然陷入了原地踏步的状态。企业的管理人始终都没有搞懂，他们依然按照以前的经营方式，对企业投入的热情也没有丝毫减少，怎么效益就不如以前了呢？

他们开始四处寻找提升效益的方法，最后终于茅塞顿开。原来，随着社会的发展，竞争越来越激烈，别人都在不断地创新，寻找更适合发展的道路，而他们却沉溺于原来，那套比较落伍的方法经营，能不原地踏步吗？

于是，他们开始大胆地对企业进行改革，实行全新的经营管理模式。果然，效益开始不断地上升，企业呈现出良好的发展态势。

有些风险会使你感到不安，但冒那些可以控制的风险是必要的，不管是在专业上还是个人生活上，都会把你带向一个新的高度。如果你总是回避新事物而选择安逸，那么你就会错过很多良机。

办大事需要闯劲，关键时刻绝不能缩手缩脚。只要你敢于决断，敢于执行，有大的勇气，去拼搏，去努力，那么成功的大门没有理由不向你敞开。

思考

你是否有做事不赢不罢休的信念？你能否在任务来临时毫不犹豫地迅速行动？

你如何看待胆量对取得执行成功的影响？你认为那些犹豫不决拖泥带水的人失败在什么地方？

只有禁得起折腾的人，才是优秀的人才

在华为公司有这样一句名言："烧不死的是凤凰。"这句话的意思是，只有禁得起"折腾"的人，才是真正的优秀人才。

一位美籍华人曾谈起他和儿子在美国的一段经历。

为了16岁的儿子能成才，他狠下心来，把儿子送到一所虽远离住家却十分有名的学校去念书。于是，那个稚气未脱的小伙子每天都要历时三个多小时，转三次公共汽车，换两次地铁，穿越纽约最豪华和最肮脏的两个街区。而纽约的地铁是世界上最脏乱、最不安全的地方之一，每天都有抢劫、强奸甚至杀人事件发生。

为什么这位美籍华人让自己的儿子放着附近的高中不读，反而冒这么大的风险，整天奔波于这样的危险地带呢？一方面固然是为了儿子以后能考上美国最好的大学，另一方面则是他希望儿子成为自强自立的优秀人才。

曾经有一位父亲很为他的儿子苦恼，虽然孩子都已经十六七岁了，却一点男子汉的气概都没有。实在想不出办法了，他便去拜访一位拳师，请求他帮助好好地训练一番儿子。拳师说："把你的儿子留在我这里半年，这半年里你不要见他，半年后，我一定把你的孩子训练成一个真正的男子汉！"

半年时间很快就过去了，男孩的父亲来接儿子回家，拳师特意安排了一场拳击比赛向这位父亲展示这半年的训练成果，被安排和男孩对打的是一名拳击教练。然而，教练一出手，这男孩就当即应声倒地。但是，男孩刚刚倒下便立即站了起来再次接受挑战，可还是被打倒了，男孩并没有因此而放弃，而是马上又站了起来……如此来来回回有二十多次。

这时候拳师问这个父亲："你觉得你孩子的表现够不够男子汉气概？"

"我都简直无地自容了，想不到我送他来这里训练半年多，最后看到的结果是这么不经打，被人一打就倒。"这个父亲伤心地回答道。

可是拳师却意味深长地说："我很遗憾，因为你只看到了表面的胜负，你怎么没有看到你儿子倒下去又立刻站起来的勇气和毅力呢？这才是真正的男子汉气概！"

人常说："人生不如意十有八九。"失败多少次并不重要，重要的是你还能不能再站起来，你还有没有再战的勇气和智慧。曾有人问一个孩子："你是怎样学会溜冰的？"那个孩子回答道："哦，跌倒了爬起来，爬起来再跌倒，就学会了。"

一位推销员曾经花了很长的时间却无法扩大自己的销售量,与同事日渐上升的业绩相比,他感觉自己非常失败。

然而,他是一位积极向上的推销员,面对自己的失败他并不甘心。于是,他不断地自我反省,分析失败的原因,并以失败为师,认真吸取其中的教训。最后他发现,从绝对量来说,自己的推销业绩还是良好的,只是自己在巩固和扩大老客户的需求量上比其他要落后,这其中主要是在销售之外没能继续和老客户进一步处好关系,而这正是业绩不突出的原因。

认清自己失败的原因后,他一边暗自观察优秀同事的行事方式,一边琢磨如何才能与老客户进一步搞好关系。经过自己不断尝试和调整,他的业绩蒸蒸日上。

谈起自己的进步,这位推销员自豪地说:“我能够从自己的失败和别人的成功中学习,在失败中我学到了不少对我非常有帮助的东西,我要感谢失败,感谢从失败中学到的经验教训,它将是我走向成功的最好老师!”

著名作家奥诺雷·德·巴尔扎克曾说:“挫折和不幸,是天才的进身之阶,信徒的洗礼之水,能人的无价之宝,弱者的无底深渊。”工作中遇到些挫折不一定是坏事,正所谓“没有河床的冲刷,便没有钻石的璀璨;没有挫折的考验,也就没有不屈的人格”。

成功是折腾出来的,高能力也是在不断的挫折中折腾出来的。不经历折腾,就不可能成长。只要你冷静去分析失败的症结,找出自己的弱点,制定出切实可行的改进措施,为铺平下次成功的道路打下基础,那么你就能树立起勇气,重振雄风。

工作中的挫折是一个人进步的障碍,跨越了它你就向前迈进了一大步。相反,在挫折面前逃避、畏缩不前,都会使你的信心备受打击。要想成长,就要经受得住来自任务以及外部环境的不断磨练,多折腾折腾。就如同一块好钢,不经过千锤百炼,永远只能是废铁而已。

做任何事都不可能一帆风顺,都会有坎坷、跌宕起伏及突如其来的风险,所以我们应经受住这些挫折,禁得起这些折腾,这样我们才能成为最优秀和最有效率的人。

思考

你认为执行者应该具备什么素质？在失败之后，你能快速地恢复状态再次发起挑战吗？

你是否真正理解何谓“勇气”？勇敢和莽撞、蛮干的本质区别何在？你身边有深受胆怯之害的同胞吗？你作何感想？

少一份胆怯多一份明智，临危不乱才能解决问题

一个人的工作能力如何，很大程度上是看其工作效率的高低。如果一个人长期处于低效率状态，可以肯定其能力是低下的，或者心理上和生理上出了问题。

我们都知道，当一个人情绪激动时最好不要处理问题，这是因为情绪激动时思维模式已不符合正常的逻辑，思考问题极容易偏激，往往只凭着性子下结论，这就容易出现差错。相反，当人镇静下来之后，一切就都应付自如了，因为人在心态镇静时思维才敏捷，思路才清晰，才能做出明确的判断。

空城计是《三国演义》里特别精彩的一个计谋，历来为人们津津乐道。马谡失街亭，司马懿率兵乘胜直逼西城，诸葛亮无兵迎敌，但沉着镇定，大开城门，自己在城楼上弹琴。在大敌当前，寡不敌众之时，诸葛亮所表现出来的临危不乱着实让人敬佩。

由此可见，临危不乱，处变不惊，不仅是一种能力的表现，更是一种智慧与博学的体现，是一种儒雅的大将风度和魅力。正如莎士比亚所说：“人的才华智慧如果无法运用在最需要的时候，便和庸碌平凡没有差别。造物者是一个精于计算的女神，她给予世人的每一分才智，都要受赐的人善加利用。”

当遇到麻烦事时，你是以情绪反应来解决问题，还是先冷静下来，把问题弄清楚后再一一解决呢？当然是要镇静，否则，思维混乱，言语颠倒，打破了平常的逻辑性，其结果就是，不但想不出好的办法，反而会使问题变得更糟。

比如几年前的三株集团，在面临顾客投诉时，乱了阵脚，匆忙之下直接否认，推卸责任，给消费者留下了非常恶劣的负面印象，几年后三株集团便彻底倒闭。一个得不到消费者信任的企业怎么能生存下去？

而同样的问题在美国强生公司却有着截然不同的结果。有一次，一位消费者在服用强生的止痛药后死亡，出现这种情况是强生公司最不愿看到的。于是，经过调查发现，药内含有毒素，怀疑是有人投毒。

然而这个时候，在证据如此确凿的情况下，强生公司并没有像三株集团那样推卸责任，而是在媒体上发表声明，向受害者道歉并赔偿，同时，还收回了全球范围内已经卖出去的药剂。这样做虽然损失达数千万美元，可他们却以崇高的社会责任感赢得了消费者高度的赞赏，强生品牌也更加深入人心。

在工作或生活中，很多人遇到危急情况时总是以情绪反应来解决问题，但事实上这样不仅不能解决问题，反而会让问题变得更加复杂，甚至偏离了问题的核心，从而衍生出更多不必要的麻烦。所以，面对突如其来的问题，我们要做的第一件事，便是将情绪稳定下来，如此，才能镇定地想出解决的方法，解决所有难解的纠结。

有一次，一名飞行员准备试飞新出厂的飞机。飞行员驾机开始滑向跑道，当飞机加速至每小时 280 公里，在跑道上快速滑行到 1800 米时，他收起飞机的前轮，正打算脱离地面，突然，飞行员发现一只大鸟正朝机头迎面飞来，只听“轰”地一声响，飞机开始摆动，发动机发出异常声音。

直觉告诉飞行员，飞机和大鸟撞上了，在这万分紧急时刻，他没有手忙脚乱，而是迅速地投放减速伞、握住刹车，采取一连串的应急措施，终于使飞机停在跑道末端约 100 米处。事后，经机务人员检查，飞机进气口黏附大量鸟毛和血迹，发动机压气机叶片已被严重打坏。

专家断言，当时如果处置不当，强行起飞，就有可能造成机毁人亡的严重后果。可见，正是由于飞行员的临危不乱，从而避免了一场严重的事故。

任何人都有“乱”的时候，但不能永远地“乱”下去。如果在工作上可能遇到紧急情况，就一定要对此提前做些研究，制订出比较详细的处理预案，这样一旦有情况出现，就可按预先拟制的方案组织实施，从而避免工作中出现混乱。

此外，为了防止自己在以后工作中不致遇事束手无策，如果有可能，要积极主动地多参与重大、紧急情况的处理，不论在事件中担任哪一个角色，都会使你大有收获，时间长了、次数多了，对问题也就应付自如了。

面对危机，要学会临危不乱、处变不惊，要学会镇定，控制自己的情绪，要相信没有什么大不了的事情，任何问题都会得到解决。当你抱着这样的心态去处理事情，你就会发现天大的事也不过如此，于是你就能把事情处理得更加圆满，工作就更有效率了。

思考

在面对困难时，你是害怕它、畏缩不前、不敢正视，还是镇定自若、胸有成竹地勇于向前？

当你遇到突发事件时，是以情绪反应来解决问题，还是先冷静下来，把问题弄清楚后再一一解决呢？你是否曾屈服在“拦路虎”的淫威之下？你确定自己在做事时真尽全力了吗？

细心发现危机的征兆，尽早解决

一个高效能的人必定是一个具有前瞻眼光的人，他能在其他人没有看出危机之前发现危机的征兆，并立即解决。

有的人总认为自己有一个相对安定的工作环境，有了一定的资历，甚至还掌握了一定的权力，于是，在安逸中滋生惰性，权力中滋长骄横，个性膨胀中自己的认识发生错位，以至价值观扭曲，进而对一些潜在危险的问题熟视无睹、感官麻木，固步自封、夜郎自大，盲人骑瞎马，“夜半临深渊而浑然不知”。

老子有一句名言：“祸兮，福之所倚；福兮，祸之所伏。”福倚傍在祸里面，祸潜伏在福之中，祸福相倚相成，在一定条件下，可以互相转化。老子以超人的智慧审视社会和人生，看到了一切对立的事物可以互相转化，教

导人们虚静自守,以便化难为易,化危为安。

有一只燕子每年都要旅行,因此见多识广,知道许多本地以外的事情,所以燕子常常可以预知事物的发生。

有一天,燕子意外发现一片能分泌黏胶的树林,这种树产生的胶黏性很强,鸟儿只要停在上面,就会被牢牢黏住。于是燕子号召附近的鸟儿,合力将这树的种子全部吃掉,以绝后患。可是鸟儿们并没有把燕子的话当一回事。

春天来了,满山的小树苗绿油油地长了起来,燕子又对鸟儿们说:“如果不在树苗长大前把它们全部拔掉,等它们长成大树,后果将不堪设想。”然而,鸟儿们依旧没有理睬燕子的话。

日子一天天地过去,树苗长成了一棵棵大树,而且还散发出阵阵清香,引来了许多小虫子。鸟儿们对燕子说:“糊涂的预言大师、愚蠢的先知,幸好当初我们没有听你的话,不然可就错过这一顿美妙的佳肴啦!”

燕子听了,叹道:“你们为什么还不了解? 难道你们真不知道灾难就要发生了吗?”在一片嘲讽声中,燕子离开了这里。不久,每棵树都开始分泌黏胶。

看到树上那些可口的猎物,鸟儿们发出阵阵欢呼,它们一群接一群地飞进树林,最后,正如燕子所预料的,鸟儿们一只只都被黏在树上,痛苦地挣扎着——悲剧就这样发生了。

爱因斯坦曾说:“提出一个问题往往比解决一个问题更重要,因为解决问题也许仅是数学上的或实验上的技能而已,而提出新的问题,新的可能性,从新的角度去看旧问题,却需要创造性的想象力,而且标志着科学的真正进步。”

刘先生在一家销售公司供职,是总经理的助理。

一个客户来公司,酒足饭饱后要离开。陪同人员建议送点礼品给客户,刘先生请示老板,老板刚刚喝过酒,说:“要什么礼品?”刘先生阐述了客户的重要性,可老板坚持说,送件300元钱左右的西服就可以了。

老板的命令必须遵循。刘先生准备了几套300元钱左右的西服,可实在看不过去,人家客户也是有身份的人,像这样的低廉货实在拿不出手。但老板在气头上,说什么也没用,可第二天客人要走,到时候再准备就迟了，于是刘先生暗自准备了几套高档点的西服，放在车上。

第二天在客户住的宾馆见面时，总经理第一句话就问刘先生："礼品准备好了吗？"

"按您的意思都准备好了，300 元钱的西服。"

"这哪拿得出手啊？赶快去换！"一晚上老板就变卦了。

幸好刘先生昨天晚上就准备好了，于是把车开出去绕了一圈，就回来了。

总经理夸赞刘先生能干。但是，如果当时刘先生和总经理据理力争说不能送 300 元钱左右的西服，那么结果将是另外一个样了。刘先生的聪明之处就在于，无论何时何地都尊重老板的决定，但他更具有对问题的前瞻性，并立即着手解决。

有个阿拉伯商人极为富有，可是家里的老鼠很多。为了消灭鼠患，他特地买回一只善于捕鼠的猫，只是这只猫虽然善于捕鼠，却也很喜欢吃鸡，结果阿拉伯商人家中的老鼠被捉光了，鸡也所剩无几。

阿拉伯商人的儿子眼见如此，提议把吃鸡的猫赶走，阿拉伯商人却说："在我们家造成危害的是老鼠，不是鸡。老鼠偷吃我们的食物、咬坏我们的衣物、挖穿我们的墙壁、损害我们的家具，不除掉它们，我们必将挨饿受冻。没有鸡，大不了不吃就是了，离挨饿受冻还远着呢！"

警句有言："晴空万里尤须提防暴雨，风平浪静要警惕暗涌；风调雨顺仍要囤积粮草，烽火尽熄不敢放马南山；承平之际往往潜伏着败亡之因，繁荣之时可能酝酿着衰退之机。"这是历史的规律，绝不是危言耸听。

"居安思危"，并非杞人忧天，从事物发展的客观规律中，要善于观察危机的端倪，主动找对危险的苗头，随时警惕危难的征兆，这样才能永远立于不败之地。

思考

你具有"化危为机"的能力吗？你是否能够看穿事物的伪现象，深入到事物的内在本质之中去？

在一件事情来临之前，你认为这件事是事发那天才突然有的吗？难道发生之前就没有一点征兆吗？你是如何对待这之前的事情的？

第10章

高效执行，善于动脑出路多

一个人要想获得成功，第一重要的是头脑，第二重要的是头脑，第三重要的还是头脑。提高执行力，不能蛮干，关键要掌握方法。机械地执行，其后果不亚于不执行。

国外有这样一句谚语："用脚走不通的路，用头可以走得通。"就是说，遇到难以解决的问题，只要善于思考，就能找到解决问题的方法。脑袋不是只用来戴帽子的，更重要的是用来思考。一个不会思考的员工连自己的本职工作都难以做好，又怎么能够具有良好的执行力呢？

一个智慧的员工，必然是一个能解决问题的员工。有的人效率比你高一千倍，难道他们比你聪明一千倍吗？绝对不是，只是他们能站在巨人的肩上思考问题，并不断开发世界上最大的宝藏——大脑！这样，实现了良性循环，所以才会愈来愈高效！

发挥思考的威力，想办法就会有办法

有一句话讲得好："发动机只有发动起来才会产生动力，同样，想办法才会有办法！"成功是思考出来的，只有敢于思考、善于思考的人，才会是成功者的候选人。

做任何事情都不会一帆风顺，总会遇到这样那样的困难，遇到困难不要害怕，想办法就会有克服困难的机会，逃避困难永远都做不好工作。在现实生活中，聪明人未必就是高效能的成功者；再勤奋的人，若是缺乏好的思路，也容易与成功失之交臂。

有一架飞机撞山失事了。成群的记者冲向深山，都希望能抢先报道失事现场的新闻，其中有一位广播电台的记者拔得头筹，在电视、报纸都没有任何资料的情况下，他却做了连续十几分钟的独家现场报道。

你知道为什么这位记者能抢到头条吗？因为他未到现场之前，先请司机占据了附近唯一的电话，挂到公司，假装有事通话的样子，所以当他做好现场报道的录音，跑到电话旁边将录音机交给司机，就立刻通过电话对全国听众做了报道。

有一次，电影界突然一窝蜂地拍摄有动物参加演出的影片。虽然大家几乎是同时开拍，但是其中有一家，不但推出得更早，而且动物的表演也远较别家精彩。

你知道这位导演为什么会成功吗？因为在同一时间，他找了许多外形一样的动物演员，并各训练一两种表演。于是，当别人唯一的动物演员费尽力气也只能演几个动作时，他的动物演员却仿佛通灵的天才一般，变出许多高难度的把戏。而且因为他采取好几组同时拍摄的方式，剪接后立刻就可以将电影推出。观众只见其中的小动物，爬高下梯、开门关窗、卸花送报、装死促狭，却不知道这些全是不同的小动物演的。

这两个故事告诉我们，世间有许多“非常的成功”是以“非常的手段”达成的，也就是说，这些都是思考的结晶，是思路决定了不同的出路。只有那些掌握事半功倍方法的人才能取得过人的成就。

思考可以提高工作效率，加快自我成长与完善。善于思考的人懂得如何让自己少走弯路，不仅有着极高的做事效率，还能在进一步的思考中不断地提升自己、完善自己，找到做事的最佳方法，从而为以后的工作奠定坚实的基础。

美国著名地质学家华莱士在总结其一生成败经验的著作《找油的哲学》中这样写道：“找油的地方就在人的大脑中。”由此，他提出一个著名的观点：人的大脑里蕴藏着丰富的宝藏，而思维是其中最珍贵的资源。

20 世纪 50 年代初，一厂子的锅炉房后面有个老式的烟囱，是由砖砌成的。这个烟囱体积庞大且年久失修，烟囱里满是各种各样的废渣和煤灰，这些东西松散地“搭”在烟囱的内壁上，对出烟造成了阻碍，当这些搭在内壁上的东西足够厚时，就完全阻挡了烟的排放，烟囱被堵死了。

冬天就要到了，供暖问题迫使单位要对这根烟囱进行维修，当时还没有专业的烟囱清洁公司，如果烟囱不能清理，只能拆掉重建了。厂长琢磨着：“这个坚固的烟囱除了成了‘实心’的以外，没有遭到任何的损坏，拆掉再建要花不少钱。”他悬赏道：“谁把烟囱通了，预算中的拆除费和重建费的 10% 就归谁。”

后来有个小伙子把这事儿干成了。他是这样做的：先向领导申请了 200 块钱，全部买了爆竹，然后绑在一起在烟囱里面燃放，没等 200 块钱的爆竹用完，烟囱里面的灰就全被震下来了。

烟囱通了，厂子省了钱，小伙子也如愿以偿地拿到了奖励。

任何一个具有意义的构想和计划都是通过不断思考得出来的结果，而且思考越深入，收益就越大。不会思考的人，遇到问题往往会取舍不定；相反，善于思考的人，遇到问题就会迎刃而解。

思考是解决问题的基础，更是提高和促进执行的起点。一个人在执行任务的过程中，如果能够主动进行积极性的思考，就会发现工作中存在

着的很多问题，并进行分析问题，进而解决问题。否则，人云亦云，因循守旧，只会被问题阻挡住执行的进程。

在工作中，很多人没有养成积极思考的习惯，只会被动地工作，上司让怎么做，就怎么做，拿不定主意了，就去问上司，从不肯独立面对问题，思考问题。久而久之，他们就失去了独立思考问题并解决问题的能力。这样的人独自去执行一项计划或任务，是很难胜任的。

所以，要想赢得领导的赏识，就要善于思考，带着思考去工作，在工作中思考，这样你就会创造出一个又一个非凡的成就。

思考

你是一个善于思考的人吗？你是否害怕问那些看似别人都没问过的问题？遇到紧急的事，你是容易冲动，还是坐下来冷静地思考分析？那么，应当怎样去思考、发挥思考的威力呢？

傻瓜用嘴说话，聪明人用脑说话

执行力水平的提高，不仅仅是光有意识就够了，还得具有改善自己的工作方法。

许多人在做工作时，往往是采取“拍脑袋”、“凭感觉”等方式去做，或者遇到需要沟通和协调时不懂得沟通协调，这样的结果，不仅效率低，而且个人成长往往会很慢。

正是中午时分，一家著名的西餐厅里，人们三三两两地正在用餐。所有的服务员在有条不紊地忙碌。突然，餐厅里传来一声炸响。一个五大三粗的中年男子一只脚踏在凳子上厉声喝道：“服务员呢！快过来！过来！”

服务员们不知道发生了什么事情，一个个都吓坏了，呆呆地愣在原地。而这时店长又碰巧有事出去了。客人们都停止了吃饭，眼睛齐刷刷地盯着这个男子。见半天没人回应,男子更加声色俱厉、咆哮如雷,把桌子拍得山响。

这时,服务员小廉走了上去。她微笑着向他问好,并问他到底发生了什么事情。男子用粗大的手指点着面前的杯子,嚷道:“你看这是什么!你们的牛奶是坏的,把我一杯红茶都糟蹋了!你们是怎么搞的!”

“真对不起!我马上给你换一杯。”

很快,一杯新的红茶端上来了,跟上一杯一样,碟边放着新鲜的柠檬和牛奶。小廉认真地把碟子摆放在顾客面前,柔声道:“先生,我能否给你提个建议,在放柠檬的同时,最好不要加牛奶,因为柠檬酸会造成牛奶结块。”

一瞬间,男子的脸变得通红。他匆匆喝完茶,就离开了。许多顾客对小廉说:“明明是他老土,你为什么不直接说他呢?他那么粗鲁,你当时就该还以颜色。”

对此,小廉答道:“他再粗鲁,也是我们的客人。正因为他粗鲁,我才用婉转的方式对待,既然道理一说就明白,我又何必跟客人过不去呢?”

事发当天,小廉就得到了老板的亲自召见。一周后,她被提拔为该西餐厅的领班。

在服务行业,客人就是上帝。千错万错,也不能是客人的错。因此,小廉自始至终都秉承热情服务的原则。小廉以一个小小的建议巧妙点出客人的失误,使客人不攻自退,既化解了危机,又挽回了餐厅名誉,如此会来事的员工,又怎能不被老板青睐?

人的大脑是有灵性的创造体,当你想办法时,大脑会一直工作帮你找出解决问题的方法。

甲乙丙三个业务员一起供职于一家公司。公司的经营出了一些问题,虽然公司的产品不错,销路也不错,但产品销出去后,总是无法及时收回货款。

公司有一位大客户,半年前就买了公司 10 万元产品,但总是以各种理由迟迟不肯付货款。

公司决定派业务员甲去讨账。那位大客户没有给业务员甲好脸色，说那些产品在他们那儿销得一般，让业务员甲过一段时间再来。

业务员甲知道这位大客户不好惹，心想，他欠的又不是我的钱，跟我没什么关系。于是便返回了公司。

业务员甲无功而返，公司只得派业务员乙去要账。

业务员乙找到那位客户，那位客户的态度依然很无赖。他说这段时间资金周转很困难，让业务员乙体谅他的难处，还借口说等他的资金到位了一定还钱。业务员乙也无功而返。

没办法，公司只得派业务员丙去讨账。

业务员丙刚跟那位客户见面，就被客户指桑骂槐了一顿，说公司三番五次派人来逼账，摆明了就是不相信他，这样的话以后就没法合作了。业务员丙没有被客户的软硬兼施吓退，他见招拆招，想尽了办法与客户周旋。那位客户自知磨不过业务员丙，最后，只得同意给钱，开了一张10万元的现金支票。

业务员丙很开心地拿着支票到银行取钱，结果却被告知账上只有99920元。很明显，对方又耍了个花招，那位客户给的是一张无法兑现的支票。第二天就要放春节假了，如果不及时拿到钱，不知又要拖延多久。

遇到这种情况，一般人可能一筹莫展。但是业务员丙依然没有退缩，突然灵机一动，自己拿出80元钱，把钱存到客户公司的账户里。这样一来，账户里就有了10万元。他立即将支票兑了现。

当业务员丙带着这10万元回到公司时，公司的董事长对他刮目相看，非常器重他，让公司其他的员工都向他学习。后来公司发展得很快，他自己也很努力，在不到五年的时间里，他就当上了公司的副总经理，后来又当上了总经理。而当初一起去讨账的业务员甲和业务员乙依然是公司里普通的业务员。

可以想象，要是业务员丙没有这种遇到困难主动想办法去解决的精神，绝对不会有今天的成就。

这个故事不仅体现了效率意识的一种含义，更说明了效率意识的重要性。可以说,一个有智慧的能胜任特殊任务的人才能真正做自己的主人。

钥匙必然与锁相配匹,效率必然与方法相配匹。只要懂得思考,就一定能找到解决问题的方法,这样才能有所创新,才能成就大事。

思考

在执行中遇到的困难面前你是如何做的?你一般采用什么策略来解决眼前的问题?

在工作中你有过好心办坏事的经历吗?你如何认识头脑与努力之间的关系?你如何认识智力在解决问题中的作用?

做事要讲谋略,方能以少胜多

《孙子兵法·计篇》有云:“夫未战而庙算胜者,得算多也;未战而庙算不胜者,得算少也。多算胜,少算不胜,而况于无算乎!吾以此观之,胜负见矣。”

在开战之前,如果经过认真推算,获胜的把握就大;如果没有经过认真推算,获胜的把握就小。推算周密就能取胜,推算不周密就不能取胜,更何况不推算呢!根据这些来观察,就可以判定胜负的结果了。

执行到位,并不意味着让我们成为机器人,恰恰相反,必须将执行与智慧结缘,让执行变得高效简单。

有家大型广告公司招聘高级广告设计师,面试的题目是要求每个应聘者在一张白纸上设计出一个自己认为最好的方案,没有主题和内容的限制,然后把自己的方案扔到窗外。如果谁的方案最先设计完成,并且第一个被路人捡起来看,谁就会被录用。

设计师们开始了忙碌的工作,他们绞尽脑汁描绘着精美的图案,甚至有人费尽心思准备画出诱人的裸体美女。就在其他人手忙脚乱的时候,

有一个设计师非常迅速、从容地把自己的方案扔到了窗外，并引起了路人的哄抢。

他的方案是什么呢？

原来，他只是在那张白纸上贴了一张面值100美元的钞票，其他什么也没画。

在其他人还苦思冥想的时候，他就已经稳坐钓鱼台了。显然，该设计师的方法并非投机取巧，而是在充分理解题目的基础上的创新之举。

换一种思路能够使你在竞争中脱颖而出，哪怕起初你处于不利的地位和形势。做任何工作都有各种方法可以选择，可以殊途同归。有时候，在执行中尽管你的方向对了，目标也很明确，但发现忙来忙去还是没有任何结果。这时候，你就不妨想一想，是不是策略不对，是不是还有需要完善的地方。

国外有家摩托车公司，想了各种促销办法，耗费了大量的资金和人力，但销量仍然丝毫没有提升。看上去，他们的销售手法似乎并没有什么问题。产品的主要消费者是年轻人，且他们生产的摩托车无论从质量还是性能上，都相当不错。按理说，销售不应该这么糟糕。

那么问题到底出在哪里？

其中有一个销售员，为了改变这种状况，做了大量的市场调查。结果他发现，很多年轻的消费者透露了这样一种想法：自己最想要的还是汽车，现在骑摩托车，不过是经济条件有限而不得不暂时做出的选择。

了解了这一点，他不由得想：过去公司为了提高销量，把重点放在了提高摩托车的质量上，但这样一来，消费者看到他们生产的摩托车越来越耐用，很可能会产生一种抵触心理——用这样的摩托车，何时才能换成一辆汽车啊！

针对消费者的购买心理，他向公司建议：与其投大量的资金用于摩托车质量的提升和对此进行的宣传上，不如改变一下策略，将重点放在让自己的摩托车能够给大家带来汽车的联想上。

公司采纳了他的建议，在摩托车上装上了类似于汽车悬挂的大号码牌照和汽车使用的汽笛。

结果，这种新型摩托车一上市，立刻受到广大年轻人的青睐，销量节节攀升。

由于这位员工摸清了年轻人的心态，了解到并不是消费者不买，而是他们不希望与自己买汽车的心理相冲突，由此最终找到了突破点，制定出了更完善的销售策略。别看这一改变小，所起到的作用还是相当大的。

在工作中，我们会经常遇到这样的情况：看似合理的方案，却达不到预期的效果，甚至还老出差错。这时候，不妨想想还有没有更完善的策略。在动手做事前先制订完善的策略，不仅能节约时间和资源，更能体现我们的聪明才智。

要办好一件事情，很多时候方法比想法更重要。古代的人打仗，常常讲"千军易得，一将难求"，"将不在多，在谋"。意思是说：一个人发展到某种程度，不要求你冲锋陷阵拼体力；你现在要动的是脑子，是心智，是运筹帷幄、出谋划策。

有一个将军领兵攻打一座城池，三番五次攻不下来，正当他烦恼的时候，身边的军师对他说："你知道我们为什么久攻不下吗？"将军说："因为城池太坚固，敌人的兵力太强。"军师笑了："所以说，攻城为下，攻心为上啊！"这时就需要谋略。

于是，军师给他出了个主意，率兵后退三十里，然后派人化装成百姓混进城里，让他们四处散发小纸条。纸条大意是，如果你们不抵抗，我们进城后保证让大家分到房子和土地，我们不会杀掉你们，更不会让你们做奴隶。这样广为传播后，满城人心惶惶，再次攻城的时候，自然是大获全胜。

这个故事说的是诸葛亮帮助刘备攻克荆州。刘备拿下荆州，这才为后来三国鼎立的局面奠定了一个有利的基础。

同理，接到执行任务，一定要先思考什么才是最好的方法，找到最好的方法就能为我们节约很多时间。少花力气、多办事，才是一个智慧型员工必备的素质。找到方向，明确自己的目标，再有一个完美策略，工作起

来才会事半功倍。

我们在遇到困难的时候，一定要记得这句话：只为成功找方法，不为失败找借口。用这句话来警示自己，世界上没有解决不了的困难，只要去想方法，就能解决棘手的难题。

思考

你是如何打开解决问题的思路的？工作中你能发现问题背后的问题吗？你能观察出问题之间存在的不为人一眼看透的关联吗？

你是如何做到“知彼知己”的？工作中你能做到随机应变吗？

找到问题的关键点，第一次就将事情做对

俗话说“打蛇打七寸”，意思是打蛇就要打它致命的地方，要命中要害。执行者在执行过程中也一样，要善于抓住要害，找到解决问题的关键点，这样才会事半功倍。

沃仑韦斯是一家生产微型印刷电路板的公司，他们生产的这种电路板对质量的要求非常高。因此，在新的一年里，公司制定了更高的质量合格率目标，以此来减少因质量不合格导致的退货。

有一次，沃仑韦斯的生产质量突然出现急剧下降，产品不合格率大幅提高，出现了许多次品。公司领导人约翰·布朗斯很快知道了这件事，他马上来到生产车间，与工人们一起查找原因，技师科尔说：“溶解槽内的温度太高了。”于是约翰·布朗斯便下命令降低温度。

但是过了一个星期后，次品率不但没有降低，反而更高了。于是，他们又提高温度，然后又再降低，就这样接连几天反复地升高降低温度，仍不见产品合格率上升，次品数量仍然很多。他们知道，如果继续这样下去，肯定会影响公司目标的实现，而温度也显然不是问题的原因。

有人认为是“厂内的清洁没有达到应有的标准”，也有人认为是酸度

引起的，但结果还是一样。而且，水质纯度在周三、周四和周五都检查过了，并且还详细检查了作业人员手指的污垢情况，但结果表明这些都不是关键因素。

后来，约翰·布朗斯便问一位领班："这些不良品有什么不对劲？"大家发现，印刷电路板的酸洗步骤不均匀，似乎酸洗溶液中有某种水溶性杂质。约翰·布朗斯又问："这是什么时候发生的事？"在检查了生产记录后发现，次品数在周一早上最多，而到了周一午后就减少了，到了周二中午便不再有次品了。

现在大家都将注意力集中在"周一早晨与其他时间相比有何不同之处？"的问题上。后来人们意识到，周一早晨是周末之后的第一个工作时段。每个周一的早晨，水龙头一打开，在水管内停留了一个周末的水便立刻流进了印刷电路溶解槽内。

生产这种电路板所用的水，必须经过高度的净化过程，水质纯度要求很高。公司很快查出，某些水龙头的开关在几个月前刚刚换过。这些开关使用的是一种硅质材料，当周末期间水停留于管线内时，硅质材料便进入水中，从而使溶解过程恶化。结果就使周一早上的次品很多，到了下午就减少，而到了周二上午就完全没有次品了。因为这时受污染的水已经被完全排出了。

问题的原因找到了，在约翰·布朗斯的协调督促下，很快更换了那些不合适的水龙头，一切又恢复正常了。

勇于面对现实中的种种困难和问题，有一个重要前提，那就是发现问题。发现问题才是解决问题的前提，只有发现了问题的关键，才能更好地解决问题。一个高效执行的员工应当具备的能力就是发现问题的关键，因为这才是通向问题解决的必经之路。

美国华盛顿广场的杰斐逊纪念馆大厦，由于年代久远，建筑物表面斑驳陆离，并且出现了许多裂痕。虽然政府采取了很多措施，花费了大量的财力、物力，依然无法遏制这种状态的发展。后来，专家经过调查发现：导致这种状况出现的主要原因是大厦墙壁每日都要被冲洗，而冲刷墙壁所

使用的清洁剂对建筑物有酸蚀作用。

那么，为什么要每天冲洗大厦的墙壁呢？因为大厦每天都会被大量的鸟粪弄脏。为什么有那么多鸟粪？因为大厦周围聚集了特别多的燕子；燕子之所以聚集在这里，是因为大厦上有很多它们爱吃的蜘蛛；蜘蛛之所以多，是因为这里有它们爱吃的飞虫；飞虫之所以多，是因为这里有特别适宜它们繁殖的温床——阳光下的尘埃，而照射尘埃的阳光是从窗户透射进来的。因此，飞虫以超常的速度繁殖着，给蜘蛛提供了大量的美餐，于是燕子飞来了……

找到了主要矛盾，复杂的问题也就简单了。问题不复杂了，解决之道也就简单了："拉上窗帘，将阳光挡住。"这样就把问题解决掉了。

俗话说："牵牛要牵牛鼻子。"只有抓住了问题的关键，即使是复杂的问题也会变得容易解决。这就像汉朝人桓谭在《新论》中所说的那样："举网以纲，千目皆张；振裘持领，万毛自整。"打鱼时，抓住网上的大绳，网眼就张开了；整理皮袄时，抓住领口一抖，毛就理顺了。

处理复杂问题时，抓住复杂问题的关键，也就等于看透了复杂问题的本质。就像打鱼时抓住网上的大绳索、整理皮袄时抓住领口一样，这些都是事物自身的本质，更是解决问题的关键。所以，抓住了问题的关键之后，也就寻找到了解决问题的方法。

所以，就执行而言，"做正确的事"是战略，"正确地做事"就是执行力，而"第一次就把事情做对"就是最高的效率。

思考

你是否能一眼看透事物的本质？你是如何分析问题的特性的？有没有想过怎样一次性把问题彻底解决？

对某件工作，你认为最好的做法是什么？是应抓住主要矛盾、迎刃而解、收到事半功倍的效果，还是应采取最佳方法而提高效率？

反其道而“思”之，出奇才能制胜

有一句话说，宝贝放错了地方，就会成为废物；反过来说，废物放对了地方，也就会成为宝贝。一切全在我们怎么看，怎么做。

18 世纪末，英国著名医生琴纳忙于解决天花这个难题。他研究了许多病例，仍然没有找到可行的治疗办法。后来，他把思路放到那些未染上此病的人身上，最后，他从挤奶女工手上提取出微量牛痘疫苗，接种到一位 8 岁男孩的胳膊上。一个月后的试验结果证明：琴纳找到了抵御天花的武器。

做任何事，方法是最重要的。爱迪生之所以成为发明家，并不是因为他做了三只板凳，而是因为他做的每一只板凳都用了他独特的思维和巧妙的方法。所以，方法很重要。同一种意思，换一种巧妙的说法，结果可能就不同了。没有方法你可能永远也无法从此岸到达彼岸，有了方法你就会少走很多弯路。

在一次欧洲篮球锦标赛上，保加利亚队与捷克斯洛伐克队相遇。当比赛只剩下 8 秒钟时，保加利亚队以 2 分优势领先，按说已稳操胜券。但是，那次锦标赛采取的是循环制，保加利亚队必须赢球超过 5 分才能取胜，而要用仅剩下的 8 秒钟再赢得 3 分，几乎是不可能的事情。

这时，保加利亚队的教练突然请求暂停，许多人对此不以为意，认为保加利亚队大势已去，被淘汰的命运是不可避免的，教练不管用什么方法都难以改变失败的结局。

暂停结束后，比赛继续进行。令人意想不到的事情发生了：只见保加利亚队拿球的队员突然运球向自己篮下跑去，迅速起跳投篮，球准确地落入网中。这时，全场观众目瞪口呆，比赛时间到。当裁判宣布双方打成平局需要加时赛时，大家才恍然大悟。保加利亚队这出人意料之举，为自己

创造了一次起死回生的机会。

加时赛的结果是，保加利亚队赢了6分，如愿以偿地出线了。

假如保加利亚队还是采用传统的思维方式，能赢得那关键的6分吗？不能！

在工作中，很多人习惯用常规的思考方式去考虑问题，因为这能使人在面对同类或相似问题的时候，由于有经验可以借鉴可省去许多摸索的步骤，少走弯路，从而减少精力和时间的耗费，提高做事的效率。但是，常规的思维也有消极的一面，也就是在解决问题的过程中，它可能会束缚和阻碍我们，并且还容易使人陷入一种陈旧的思维模式中，不敢也没有勇气进行新的尝试，这样就不可能在工作中有新的突破了。

因此，当常规思维已无法适应新的变化时，就要另辟蹊径，用超常规方法解决问题，才能化弊为利，使问题得到最圆满的解决。

王新是某公司刚刚提升的主管。午休时间，他在车间检查时发现几个员工正在抽烟，而他们身边的墙上清清楚楚地写着"严禁吸烟"的警示。

按照规定，王新必须把这几个人的名字记下来，从下月工资中每人扣除200元作为罚款。但是，王新心里明白，200元可是这些工人五天的工资，再加上自己也是从底层上来的，知道他们的工作很辛苦，赚钱不容易。如果真那样做，他这个上任新官虽然烧起了头把火，但私下里员工肯定会对自己有怨言，没准还会落个一上台就忘了本的名声。

王新清楚，中午休息时间，大家都想抽支烟，解解闷、提提神，这已经成为一种公开的事实了。

但是，如果王新对这件事视若不见、不闻不问，显然会降低自己的威信，也会使制度形同虚设，给生产带来巨大隐患。于是，王新就悄悄地走了过去。这时，那几个抽烟的人也直勾勾地盯着他，生怕他掏出小本本，记下自己的名字。

不过，王新只是平静地从口袋里掏出一包烟，给每人发了一支。几个人正要掏火点上时，王新正色说道："拜托各位，这里是车间，咱们最好还是到外边抽吧。”

那几个工人知道自己错了，就赶紧站起来出去了。从此，车间里抽烟的事情再没有发生过。

就这样，看似十分棘手的一个难题，在这亲切而不失威严的一支烟里烟消云散。王新的处理技巧不可谓不高妙！因此，王新在工人中的威信也是与日俱增。

在每天的工作中，我们都会遇到一些左右为难的事情。如果处理不当，我们就有可能陷入进退维谷的境地。只有恰当灵活地把握好分寸，我们才能对上、对下、对自己有一个良好的交代。所以，做什么事情都要讲究方法。只要你能以“出奇”而“制胜”，那么在工作中，你的业绩就会令人大吃一惊，另有所得。

思考

你尝试过用不同以往的方法挑战自己的想法和思维模式吗？当计划的任务在执行过程中遇到困难时，你通常会如何做？是想方设法提高执行效率，还是对计划做一定程度的修改，制订出新计划？

第11章

高效执行，擅于借力不使蛮劲

成事之道，离不开一个“借”字。别人拥有的，我们能借来拥有；这里没有的，可以从那里借来……总之，一个“借”字，足以让我们拥有万人之长，得天下利器之最。

正所谓：“智者找助力，愚者找阻力。”懂得借力是一种高效执行的大智慧。借助自身之外的力量，我们可以以少胜多、以弱胜强、以小搏大、转危为安，从而，打造出卓越的自己，高效的自己。

会大会小会来事，找对人就能做对事

无论做什么工作、处在什么位置，我们都要有灵活机动的办事能力。只有这样，才能使我们“站在巨人的肩膀上”，在更高的起点上登攀，在更新的领域中取得成功。

一个人即使是天才，也不可能样样精通，这就意味着每个人都有自己不能完成之事。但是，天下什么样的人都有，你不能完成的事，总有人能够完成。所以，如果你善于借他人之力，就是超人，没有什么是你不可能完成的，自可无敌于天下。

有个人，他不会任何乐器，不会唱歌，更不会作曲。然而，他却是一家国家级音乐刊物的总编辑，是全国有名的音乐评论家。每当有人问起他是如何走上音乐评论这条道路的时候，他总会讲述一个自己亲历的故事。

那是20世纪70年代的时候，他刚大学毕业，在一家报社当新闻记者。

有一天，他正在赶写一篇文章，编辑部主任把他叫到办公室说，今天晚上有一场很重要的音乐会，可是报社的音乐评论员突发急病，正在医院里做手术，因此，报社决定派你去参加音乐会，并写出一篇评论员文章，明天见报。

他不是学音乐的，对音乐更是一窍不通，怎么能写出评论文章来呢?想拒绝，因为是新人，没这个胆量；想接受，又担心不能胜任。

主任见他不说话，就问他是不是有什么困难。他说恐怕完不成任务。没想到主任听后笑了笑说：“没有过不去的火焰山，船到桥头自然直。你们这些大学生，头脑来得快，我相信你会克服困难，写出一篇很像样的评论员文章。”

然后，主任摆了摆手，容不得他再说什么话，把他打发出去了。

当天晚上，对音乐一窍不通的他愁眉苦脸地坐在剧场中，而剧场另一边，他清楚地看到了另一家报社的音乐评论员。那个人跷着二郎腿，微闭着双眼，脑袋正随着音乐的节奏微微晃动，一副胸有成竹的样子。

他想：明天，他们的报纸上肯定会出现他的文章。可是，自己的任务该怎么去完成呢？音乐会快要结束了，他的脑袋像计算机一样地运转着。突然，他想到了一个办法。

舞台上的大幕刚一拉上，他便立即冲到了后台，找到了一位著名的小提琴演奏家。他向她自报家门，说明自己面临的困难，坦诚地向她求助："实际上，我是在请您帮我写这篇评论员文章。我想，您是会帮助我这名新手的。"

小提琴家望着他笑了，喝了一口水，便开始滔滔不绝地讲了起来。他一边听着她的讲解，一边快速地记笔记。

这时，他心里想："我的那位记者同行，不管你的文采有多么好，你的阅历有多么深，你对音乐的理解有多么透彻，你的观点有多么新鲜，你都不可能写出比我更好的文章了。因为你在音乐上的造诣是不可能超过我面前的这位音乐家的。"

他说："本来我和那位记者之间的差距是巨大的，可是我站在了这位著名音乐家的肩膀上，借助了她的力量，而且，很显然这位小提琴家才是最权威的评论者。"

果不其然，第二天两篇评论文章同时见了报。一经对比，圈内人士便惊呼发现了一名新的音乐评论之星。

这一炮打红之后，报社领导便让他担任专职的音乐记者。他运用第一次成功的经验，再加上不断学习和钻研，几年后，逐渐成为被大家公认的音乐评论家，以至最后担任了这家全国性音乐杂志的总编辑。

在工作中，每个人都会遇到困境，不可能所有问题自己都有能力解决，这时如果能够坦诚地向别人请教解决的方法，找对人、做对事，就会收到事半功倍的效果。

柯力和维波都受雇于一家管理咨询公司，这天，他们同时接受了一项

任务，为一家生物公司写一份管理报告，以获得一份50万美元的合同。正因为如此重要，公司才安排他们两个人同时写，以从中选优，或者把两人的报告中的精华结合起来，打造一份出色的报告。

柯力接受任务后，表现得很轻松，一副成竹在胸的样子。

由于时间紧，柯力必须在最短的时间内收集到尽可能多的那家生物公司所使用的生物鉴定过程的信息。他想起了以前的一位同事，她现在在一家非常著名的公司工作，应该认识负责生物公司产品鉴定的科学家。

于是，柯力马上拨通这位前同事的电话，果然不出所料，她把柯力介绍给了那位科学家。柯力虚心向科学家请教，对方也很乐意向他提供所需要的信息，并立即通过互联网传给他。仅仅通了两个电话，仅仅一封电子邮件，柯力便获得了报告中所需的关键信息。

而维波又是怎么做的呢？

维波接受任务后，发现所需要的信息大多没有着落，不免有些着急。想来想去，最后把问题交给了电子公告牌。结果第二天，有40位专家回答了他的问题。这些专家们相互之间有些矛盾，答案自然也不相同。他不知道谁的答案正确，因为他无从判断这些答案的质量。他被这些复杂的信息压垮了，不能从中找到真正需要的东西，最后完成的报告自然不如柯力的优秀。

世上没有办不成的事，只有不会办事的人。一个会办事的人，可以在纷繁复杂的环境中轻松自如地驾驭人生局面，凡事逢凶化吉，把不可能的事变为可能，最后达到自己的目的。这关键是看你用什么方法，用什么技巧，用什么手段。

对于很多年轻人来说，刚从学校出来，拥有最新的专业知识、最前卫的思想，这是好事。但是，仅凭这些与社会上各色人等打交道，是远远不够的。面对复杂的社会，我们应学会更多灵活自如的应对手段。

正所谓："知己知彼，百战不殆。"当我们充分了解了情况，找到那个能帮助我们的人，恰当地表现自己，就能因人成事，办事自然就有效率了。

思考

你有利用身边资源促进自己工作的习惯吗？你觉得这是投机取巧吗？

你认为你身边有可以支持和帮助你的人吗？大致估算一下，如果你得到这些人的帮助，你成功的几率会增加多少？

贵人离你并不远，有用的人就在你身边

很多时候，想把事情做出色，凭着个人的力量是办不到的，相反，懂得"求人"会比"求己"更省时、更省力、更有效率。

荀子曾说："登高而招，臂非加长也，而见者远；顺风而呼，声非加疾也，而闻者彰。"又说："假舆马者，非利足也，而致千里；假舟楫者，非能水也，而绝江河。君子性非异也，善假于物也。"善于借助物力尚且绝江河而致千里，更何况善于借助人力呢？

每个人都有长处和短处，都有自己解决不了的问题，在工作中遇到自己解决不了的事情，就要懂得向外人求助。可能这个问题对你来说已经超出了能力范围，但对于你的朋友或亲人而言，或许是轻而易举就能解决的，所以他们就是你的资源和力量。

有一天，一个小男孩正在玩具沙箱里玩耍。沙箱里有他的玩具小汽车、敞篷货车、塑料水桶和一把亮闪闪的塑料铲子。在松软的沙堆上修筑公路和隧道时，他在沙箱的中部发现一块巨大的岩石。

小家伙开始挖掘岩石周围的沙子，企图把它从泥沙中弄出去。他还小，对他来说岩石相当巨大。手脚并用，似乎没有费太大的力气，岩石便被他连推带滚地弄到了沙箱边缘。不过，这时他才发现，他无法把岩石向上滚动，翻过沙箱边框。

小男孩下定决心，手推、肩挤、左摇右晃，一次又一次地向岩石发起冲

击,可是,每当他刚刚觉得取得了一些进展的时候,岩石便滑脱了,重新掉进沙箱。

小男孩拼出吃奶的力气猛推猛挤,但是,他得到的唯一回报是岩石再次滚落回来,砸伤了他的手指。

最后,他伤心地哭了起来。这整个过程,男孩的父亲在起居室的窗户里看得一清二楚。当泪珠滚过孩子的脸庞时,父亲来到了跟前。

父亲的话温和而坚定:“儿子,你为什么不用上所有的力量呢?”

垂头丧气的小男孩抽泣道:“但是我已经用尽全力了,爸爸,我已经尽力了!我用尽了我所有的力量!”

“不对,儿子,”父亲亲切地纠正道,“你并没有用尽你所有的力量,你没有请求我的帮助。”父亲弯下腰,抱起岩石,将岩石搬出了沙箱。

不要小觑身边“贵人”的力量,有时候某人的一句话令你醍醐灌顶、茅塞顿开,这个人就是你的“贵人”;有时候某人的举手之劳就能帮你卸掉重负,让你轻装上阵、信心百倍,这个人就是你的“贵人”;有时候某人不经意间的一个提示,让你豁然开朗、有如神助,这个人就是你的“贵人”。

在台湾证券投资领域,杨耀宇是个知名人士,他就将人脉竞争力发挥到了极致。他曾是统一集团的副总,退出后做了一名财务顾问,并兼任五家电子公司的董事。根据推算,他的身价应该有5亿元台币之高。为什么一个不起眼的乡下小孩到台北打拼能快速积累这么多财富?杨耀宇自己解释说:“有时候,一个电话抵得上十份研究报告。我的人脉网络遍及各个领域,上千万条,数也数不清。”

在我国历史上,姜子牙如果没遇上周文王,就不可能出现后来的君臣相守,更不可能开疆辟土做出千秋大业,可以说周文王就是姜子牙的贵人;曾国藩如果不是遇上了穆章阿,也不可能成为力挽狂澜、晚清中兴的一代名臣,所以穆章阿就是曾国藩的贵人。

对于我们来说,贵人在哪里?其实,贵人就在我们身边,我们身边的每一个人都可能成为我们生命里的贵人。

从前有个人写信给燕国的丞相，因为光线太暗，就叫仆人举烛，一不留意，把“举烛”两个字也写入了信中，等到燕国的丞相收到信，读到举烛两个字，竟然大为感动，说举烛的意思是要求光明，也就是要拔擢贤才，并以此报请国王采用，使得燕国强盛起来。

传说李白起初做学问很没有耐性，直到某日，看见一位老妇居然想将一支粗铁条磨成绣花针，才顿时醒悟，回头苦练，成为诗仙。

米开朗基罗在画西斯廷教堂的壁画时，有些不满意自己的成绩，却又因为完成大半而舍不得重新画，直到有一天去喝酒，看见老板毫不犹豫地把新开的一大桶坏酒倒掉，才下定重新画的决心，成就了不朽的作品。

以上写“举烛”的郢人、磨针的老太太和酒店的老板，可知道自己无意中的行为，竟能造就了别人？而他们何尝不是燕国、李白和米开朗基罗的“贵人”呢？

对身边的每一个人，我们都要用心去面对，用心去经营。因为能做贵人的人，自己不一定多么尊贵，所以当我们寻找自己的贵人时，并不见得非要到达人显贵中去寻觅。许多贵人都出奇地平凡，而平凡的我们，也随时可能成为别人生命中具有重大意义的“贵人”。

所以，不要轻视身边的每一个人，也不要轻视自己，因为那平凡人可能是你的贵人，你也可能成为别人的贵人。

思考

当常规方法不能成功解决问题时，你会怎样做？遇到不懂的地方，你愿意向别人请教吗？

你通常如何确保制订的计划尽善尽美？是边实施边修改，还是多征询他人的意见以使计划更科学更详尽？

好风凭借力，有效利用第三方资源

美国石油大王约翰·洛克菲勒曾说："我们身边并不缺少财富，而是缺少发现财富的眼光。"这句话用在执行上同样适用，其实我们身边并不缺少机会，而是缺少发现机会的眼光。

借力，首先是借助人的力量，但往往不拘囿于人。趋势潮流，万事万物，只要能为我所用，都可以借来一用。我们应牢记这样一个道理：决定工作效率高低的主要因素是，你能否将资源变成取之不尽的财富源泉。事半功倍还是事倍功半，点石成金还是点金成石，就看你如何选择、如何运用自己的资源。

苏珊·海沃德长得漂亮、苗条、性感，她的青年时代，正是好莱坞的主要制片企业发展的全盛时期。她像其他闪亮的童星一样，怀着成为好莱坞电影明星的梦想，当上了合同演员。

她进入好莱坞的最初几个月中，面对的不是摄像机，而是照相机。她穿着泳装，日复一日地摆弄出千姿百态，为广告照做模特儿。她那充满魅力的微笑，随着报纸杂志的广告传遍五湖四海。读者们，也是电影的影迷们，对她已经具有一种倾倒和渴望的感情。

然而，苏珊一直得不到当演员的机会，当她询问管理者时，得到的回答总是："耐心地等一等，总有一天会推荐你的。"

有一次，机会突然来了。1938 年，派拉蒙企业在洛杉矶举行全国性的影片销售会，苏珊接到旅馆舞厅的通知。舞厅里来了很多电影院的管理者和来自各州的商人。影星们进入舞厅之前，派拉蒙企业对自己的影片已进行了大肆宣传。影星们一个接一个地与观众见面。

苏珊出场时，会场上发出了一片欢呼。她此前还没意识到这是一次机会。她面对观众，像对老朋友们一样微笑着说："我知道你们都认识我，你们中有谁见过我的照片？"台下立即有许许多多的人举起了手。

"有人看过我在电影里的形象吗？"没有人举手，只有笑声。苏珊趁热打铁，发问道："你们愿意看我在电影中的形象吗？"会场上响起了雷鸣般的掌声，代替了回答。

苏珊随即即兴拈来："那么，诸位愿意捎个话给制片企业吗？"

这是一次民意测验，那么多观众的代表想看苏珊在电影中的形象，制片企业的管理者得到这一民意测验的结果，完全可以判断，如果请苏珊出演影片，此片一定走俏。于是苏珊不久之后便受聘出演，上了银幕，并且成了大明星。

在工作中，资源无处不在，就等待我们去发现和利用。工作中，当你遇到困难时，你的同事、上司都是你可以利用的资源，他们就可以帮助你；你也可以在专业书籍中找到你的解决方案。不要总是因资源匮乏而苦闷，其实很多时候并非没有资源，只是人们缺乏发掘资源的眼光和能力。如果你不去了解周围的事物，小草永远是小草；如果你能不断地去发现，那么小草也会变成"宝"。

非洲的大草原是最吸引游客的地方，在那里，游客可以近距离地接触那些只能在动物园或者是电视上才能看到的稀有动物。然而，在草原上生活的动物是按照自己的生存法则行事，因此，这里依旧存在着不可预知的危险。

有一次，5 月的非洲迎来了大批的观光游客，一支来自美国的旅游团在当地导游的带领下开始了他们的草原之行。

游客们都很兴奋，望着无边无际的草原，他们把导游的安全警告忘到了脑后。在他们停车休息的时候，趁导游不注意，几个年轻人离开了公路，他们想更加深入地接触一下大草原。然而，这时意外却发生了。

一个年轻人，由于只顾欣赏美景和奔跑的动物，没有注意到草丛中的毒蛇，被蛇咬伤了。要知道，有时这种蛇毒是致命的，如果不尽快地解毒，这个年轻人的生命就有可能受到严重的威胁。但是，这里离最近的医院也有 200 多公里，而他们携带的药品并不能解决问题，这可怎么办？

这时,导游立即迅速地检查了他的伤势,熟悉草原的他大概知道了伤势的严重程度,于是他想了想,便转身下车,飞快地向路边跑去。很快,他就带回了一种绿颜色的黏稠物,把它敷在了年轻人的伤口上。在众多怀疑的目光下,他指导司机调转车头,立即奔向了医院。因为他要跟死神抢时间。

幸运的是,那个年轻人最终得救了。这一切都缘于导游的功劳,正是他的药延缓了蛇毒扩散的速度,从而为救治争取了时间,人们对导游做法的疑虑也烟消云散。此时,游客们最想知道的就是那神奇的草药到底是什么?导游告诉他们:“其实你们都看到过,就是路边的那些小草。”

资源是永远存在的,重要的是你看待资源的角度,这直接关系到你工作效率的高低。苏珊·海沃德如果不是借势就势,趁热打铁,她能一举成名吗?很难说,可能还需要更长的时间,或者永远做个平庸配角。

在游客们的眼中,路边的小草只是一种极其普通、毫无用处的小草,可在导游的眼里,小草却是一种药材。由于角度不同,得到的结果也截然相反。但无可争辩的事实是,如果导游不知道小草的药性,那个被毒蛇咬伤的年轻人也难说现在到底是什么样。

对现有资源进行有效利用,是改善工作效率的关键。这种资源,既可以是人,也可以是物品,甚至是某一个事件,只要我们懂得用不同的眼光看待,这些资源就能成为我们最好的借力对象。

同样的道理,工作效率高低就看能否将资源变成取之不尽的财富,是否懂得搭便车用好第三方资源,所以,是事半功倍还是事倍功半,是点石成金还是点金成石,就看你如何选择。

思考

你认为自己如何才能提高执行效率?

要在变化莫测的职场中站稳脚跟,就要善于有效地统筹利用各种力量,你认为这句话片面吗?说说你的真实想法。

保持谦虚的姿态,学会接纳不同的观点

牛顿是人类历史上影响最大的科学家之一,可在他写给朋友的一封信中,牛顿这样写道:“如果我比别人看得远些,那是因为我站在巨人们的肩上。”

据说他还讲过:“我不知道世人对我怎么看,但在我自己看来,我就好像只是一个在海滨嬉戏的孩子,不时地为比别人找到一块更光滑的卵石或一只更美丽的贝壳而感到高兴,而我面前的浩瀚的真理海洋,却还完全是个谜。”

也许很多人认为,这些话不过是牛顿自谦之辞,其实,这恰恰表明了正是由于牛顿学习了很多前人的知识,在前人的基础上进行研究,才能够在自然科学领域里作出奠基性的贡献,成为一代科学巨匠。所以,牛顿的成功诠释了这样一个道理:只有站在巨人的肩上,才可能成为巨人。

一个人要想高效率地工作,需要不断地历练,更离不开高人的指导。如果可能的话,我们就应该尽量向一些任务执行的高手请教,他们有丰富的经验、深厚的阅历和对执行独到的见解。他们从自己的角度出发,对我们的目标和行为进行一番审视,给我们提出一些指导性的建议,往往会比我们自己看任何书籍都来得有效。

在一家美国大型跨国公司举行的计划会议上,该公司事业部提出了一项策略,可将欧洲市场的占有率从第三名提升到第一名。这是一个野心勃勃的计划。而计划成功的关键,就在于大幅提升在德国的市场占有率。

公司的CEO听完简报后称赞道:“这是非常精彩的简报。”然而,他指出:“该事业部在全球最强劲的竞争对手,其母公司正位于德国,规模有我们的4倍大。”于是,CEO问道:“你们要如何增加市场占有率?哪一类

客户是你计划争取的？你要用什么产品与竞争优势来击败德国对手并且保持市场占有率？”

事业部的人对这些问题无言以对。于是CEO转而评估组织本身的实力。他问道：“你们有多少业务员？”负责人回答：“10个人。”他接着问道：“你们的主要对手有多少业务员？”负责人突然显露出局促不安的神情，说：“200人。”

这时，CEO又问：“你们在德国分公司的主管是谁？他是不是刚由别的部门调来不久？”

这就样，CEO只提出几个简单的问题，就暴露出了下属策略中的弱点，这也是日后落实上必然招致失败的关键所在。他提问的目的就是要指导自己的团队如何做出务实的计划，并且更好地落实。

于是，CEO剖析道：“也许有办法能让这个方案顺利运作。我们无须全面出击，为何不分析市场，找出竞争对手比较脆弱的环节，以快速的行动力胜过对方？他们的产品有哪些缺点？我们是否能研发出填补那些缺点的产品？又该如何找出需要这些产品的客户，针对他们来加强业务推展？”

会议结束时，事业部的人对这些充满挑战性的问题已经跃跃欲试，也开始重新思考整个计划。90天后，他们终于提出了更具可行性的修正方案。

对于一个执行者，明智的做法是，将自己当学徒，将领导和同事当师傅，遇到疑难问题就主动求援。比如：“王总，这个问题我打破脑袋也想不明白，请你指点指点吧！”或者：“李姐，这件事该怎么做？帮小弟一把吧，我请你吃冰淇淋。”当你如此谦逊时，谁会不愿帮你呢？

某些个性要强的人，不好意思开口向领导和同事求援；领导和同事主动帮忙，他们反而认为会被人看成弱者。这就是对强、弱二字不理解的缘故。从理论上来说，“柔弱胜刚强”，表面上的强弱不算数，以胜者为强；从实践上来说，业绩是最好的表态。你业绩好，自然是强者，哪怕你将所有人当师傅，也不能否定你的强大。理解了这两个问题，人就比较容易变得谦虚了。

全球最知名的营销大师之一艾尔·赖兹就说过:“很少人能单凭一己之力,迅速名利双收;真正成功的骑师,通常是因为他骑的是最好的马,才能成为常胜将军。”通过虚心请教,我们就会更容易发现自己在哪些地方做得还不够到位,需要怎样的改进,进而调整自己,做到最好。

在我们身边,比自己成功的人并不在少数,在某方面比我们优秀的人更是比比皆是。只要平时多加留意,选择恰当的时机向他们虚心请教,就一定对我们的能力成长大有裨益。

思考

你有没有遇到过这种情况,工作中遇到了麻烦却因为自尊而不愿意向同事请教?

你认为“三人行,必有我师”吗?与比你经验丰富的员工相比,你觉得自己存在哪些劣势,应该向他们学习什么?

你的榜样是谁?你认为老板是你最好的榜样吗?你从他身上学到了什么?

你是否观察过身边的同事是怎样完成工作的,并总结他们的经验为自己所用?

没有权力要会“借”,用完“权力”要奉还

没有权力并不等于没有能力,更不等于什么都不能做。在没有权力的时候怎么办?穷则思变,适当地借来用一下也是可以的。

所谓借权,就是借助于上级的信任和领导的支持,去做自己要做的事情,因为他们的帮助是做好工作的有利条件。领导者有权,作为被领导者,你要做好工作,就要让领导者了解你,让领导者理解你,然后,领导者支持你。这个支持你就是借权给你,领导者借权给你,支持了你的工作,

你就顺手得多、顺心得多。

向上级借权的技巧很多，比如请上级做指示或进行现场指导，经常、及时地向上级请示汇报工作，以得到上级支持，由此便可积极主动地配合上级开展工作，并取得上级信赖。而且，这还在客观上增加他人对自己的尊重和支持。

在工作中，很多领导者乐于对自己的下属进行指导和帮助。所以，在执行过程中，遇到难以解决或者自己无法做决定的事情，要懂得多向领导者提出这样的问题："在运作这个项目的时候，有人总不配合我的工作，我该怎么办?""这个客户非常顽固，总是在价格上争来争去，该怎么对付?""这件事儿我感觉很难办，我没有经验，能否给些好的建议?"

这时，领导者听到这些问题，无论是作为经验丰富的长者还是出于对下属工作的支持，大多会立即做出回应："不配合，谁不配合，他为什么不配合！我去找他！……""可以尝试多增加一些其他的服务或者赠品嘛，实在不行，只要付现款，价格可以稍微降一点……""对这个问题，正想跟你聊呢，我给你的建议是……"

仿佛这个时候，领导者的真正价值才被体现出来。与此同时，下属可以毫不费力地得到具体而全面的指导或建议，而后，高高兴兴地照着去做，发现是很有效果的，于是等下次遇到某个问题时，照样跑过来寻找"灵丹妙药"，这样就能把工作做得更有效更完美。

在借权的方法中，借用上司的长处是最好的一种。当然，借用上司的长处并不是靠奉承，而是要先找出什么是对的，再以上司能接受的方式告诉他。上司也是人，有他的专长，也有他的局限。借用上司的长处，就是让上司做他能做的事，这样就能让他发挥效益，同时也能让作为下属的自己发挥效益。

比如，在向主管报告时，可以根据主管的习惯，决定是采用图表形式还是文字形式。在报告内容时，如果主管的优点在于他的政治能力，那么在向他报告某项以政治能力为关键的任务时，就可以优先提到其中的政治层面。这样，主管就能比较容易掌握问题的情况，更能为任务有效地发挥自己的长处。

当然，为了让任务完成得更完美，自己在做事时也要对上级指导和建议做一些修正。这种修正并不影响实质内容，而只改变呈现的方式。因为在上级做事时，我们是作为旁观者存在的，正所谓旁观者清，我们能看到一些上级没有看到的地方，由此，就能使任务完成得更彻底、更到位。

有时候，也可以请上级亲临现场解决问题。对于紧急而又重大的问题，如果严格按固定程序处理会贻误工作时机，在这种情况下，请上级亲临现场解决将会取得更好的效果。

在工作中遇到了较为复杂的、棘手的问题时，你应当考虑一下可否求助于领导，将"领导"转入到"我们"之中，通过与领导合作可铸就成功，让工作变得轻松，而且会产生出人意料的良好结局。

但是，借权毕竟有一些规则和方法。有的"权"可以名正言顺地借来"为我所用"，有的"权"只能巧借东风，用过后必须及时奉还。因此，这些"权力"不能乱用，更不能滥用。否则，对其他同事表现出独霸一方的气势，成为单位内的发号施令者，迟早会成为同事的眼中钉，让自己处于四面楚歌的境地。

借权就是借力，在借中要巧妙地处理好"借"与"还"的关系，这样就能补自己之不足、平自身之所缺，从而更快更好地做好任务的执行。

思考

在团队中，领导把权力赋予了谁？你曾得到过领导赋予的权力吗？是如何得到的？

在执行一项任务时，你认为如何才能让自己的工作计划更容易获得领导的支持？你如何应对外界对执行任务的干扰？是寻求领导的帮助，还是自己努力一段后便放弃了？

第12章

高效执行，敢于创新发现机会

执行，贵在创新。只有创新，我们才能创造性地开展工作，才能找到解决问题的有效方法，才能把工作真正落到实处。

创新思维是一个人智慧的源泉，是一个企业前进的动力。在这个世界上，凡事都可以找到方法予以解决，只不过在日常工作和生活中，我们的大脑已经习惯于受到固有的限制，而不善于创新。

俗话说："流水不腐，户枢不蠹。"面对工作任务的变化，我们要学会不断地创新，改进工作方法，这样才能提高效率。

计划赶不上变化，此路不通就拐个弯

在竞争变得越来越激烈的今天，我们面对的时间已不再是固步自封的时间，而是不断发展变化的时间，因此我们必须以变应变，必须不断创新才能不断前进。

任何工作都做不到十全十美，毫无瑕疵，当我们在工作中遇到不顺利的地方，绝不能让问题拦住我们发展的步伐，更不能把工作中的问题丢给他人。面对工作，我们要有一种坚定的使命感，这样才能创造性解决问题。

达尔文曾说："自然界里最后能生存下来的物种，并不是那些最强壮的物种，也不是那些最聪明的物种，而是那些最能适应环境变化的物种。"做事也是这样，只要时时创新，学会在行不通时"拐个弯"，那你就是赢家。

美国的摩天大厦因为游客增多而出现了令人困扰的拥堵问题。为了解决这个问题，工程师决定再修一部电梯。电梯工程师和建筑师做好了一切勘查准备，在现场正准备进行穿凿作业，工作还没有开始时，工程师与每天在这里工作的清洁工攀谈起来。

"你们要把各层地板都凿开？"

"是啊！不然没办法安装。"

"那大厦岂不是要停业好久？"

"是啊！但是没有别的办法，如果再不安装一台电梯，情况比这更糟。"

"要是我，就把新电梯安装在大厦外！"清洁工不以为然地说。

就这样，这个"不以为然"的草根智慧，成就了"观光电梯"的盛况。

很多人会认为创新似乎只是精英们的工作领域，于是对创新望而生畏，放弃了主动创新的机会。其实在我们面对的各种看似平凡的工作中，都潜藏着许许多多的创新良机。

餐桌上，七八个汉子为打开一个恼人的酒瓶塞子几乎败了酒兴。经过他们轮流折腾，软木塞非但没起出，反而陷下去半厘米。有人提出用剪刀挑；有人则否定，认为木质疏松，不易成功。有人提出最好用一只螺丝钉旋进木塞，然后用力拔出；还是有人反对，认为即使稍微朝下用点力木塞也会掉进瓶内。又有人认为最好的办法是用锥子对着木塞朝瓶颈壁的方向用劲插入，然后将木塞随锥子一起拔出；大家说主意虽好，可惜眼前找不到这种家伙。

再次折腾的结果是软木塞没有取出，却掉进了酒瓶内。汉子们在一片惋惜中发现了事情的结果——酒能倒出来了。

在走了许多弯路后，人们往往发现，原来最不愿意走的那条路竟是最好走的路。

在错误的时间，错误的地方，用错误的策略做了错误的事，最终只能收获一个错误的结果。如果遇上一时想不到解决方法的问题，最好暂且搁置下来，改在午饭后或翌晨再重新分析吧。

许多问题悬而未决，其原因是人们的思维被模仿的惯性所束缚。关于模仿的弊端，不胜枚举。一些人习惯于模仿，不敢创新，或者说不愿意创新。这些人头脑中关于得失、是非、安全与冒险等价值判断的标准已经固定，使他们常常不懂得脑筋拐个弯。

例如，我们有两个赚钱机会可以选择，但二者中只能选择一个。一个机会是有100%的把握赢80元钱；另一个机会是有85%的把握赢100元钱，同时有15%的可能什么都不赢。在这种情况下，人们常会选择最保险安稳的方式——选择赢80元钱，而不愿冒一点险去赢那100元钱。

假如我们换一个角度来设定这个问题，一种情况是有100%的可能输掉80元钱，另外一种情况是有85%的可能输掉100元钱，但也有15%的可能什么都不输。这个时候，人们都会选择后者，赌一下，说不定什么都不输。

平时我们之所以不能创新，或不敢创新，常常是因为从惯性思维出发，以至于面对未来顾虑重重，畏首畏尾。而一旦我们把同一问题换一个新的角度来考虑，就会发现很多新的机会。所以，任何时候都不可以忽视思考的神奇力量。思考才有助于提高效率，能够使你创造奇迹，让你用对策略做对事。

许多时候，那些最有创意的解决方法都是缘于换一个角度思考问题。在对待同一件事时，从这个角度看问题是无法解决，而从相反的方面来看，解决问题则十分容易。那些最尖端的科学发明往往是在换一个角度看问题后诞生的，所以爱因斯坦说："把一个旧的问题从新的角度来看需要创意和想象力，这成就了科学上真正的进步。"

换个角度看问题，灰暗的世界也能变得明亮，迷茫的事态也能变得清晰。所以，遇到无法解决的问题时，必须克服模仿的习性和束缚，这会使我们收获颇丰。

思考

当你在工作中遇到挫折时，你是墨守成规到底，还是适时转变？

当领导交给你一项任务时，你有没有想过也许有更好的方式可以将其完成？你认为执著与变通是对立的吗？《易经》曰"穷则变，变则通"，你是怎么理解这句话的？

防止思维惯性，大胆求异才能开拓新境界

创新，就是观念超前，超前的观念引导超前的行动，超前的行动就是敢为天下先，做前人没有做过的事情，干前人没有干过的事业。创新，犹如一层窗户纸，不捅破不明白，捅破这层窗户纸就是创新，一经捅破，一切都明明白白了。

比如看到牙签，人们会简单地把它与竹子联系在一起，殊不知韩国人

却想到用土豆淀粉制作牙签，不仅起到了剔牙的作用，而且可以吃。据报道，之所以韩国人想出这么创新的点子，是因为有些养猪场的猪吃了带有竹牙签的残羹剩菜，受了伤，于是富有创新思想的人就想到改用土豆淀粉制作牙签，不仅有趣而且具有创意。

还有，相信大家都使用过圆珠笔，圆珠笔是一种非常方便、非常好用的书写工具。但是，在圆珠笔出现之时，有一个重大难题很难解决，那就是圆珠笔的珠子，前面漏油。油墨漏出来，满手都是，纸上也是，这就不受消费者欢迎。本来圆珠笔的市场前景是很广阔的，但如果解决不了漏油的问题，那么这个市场就会全军覆没，没有人喜欢它。

对此，很多人陷入思考，一心想找出圆珠笔漏油的原因在哪里，因为只有找到原因才能解决问题。有一天，终于有人找出了圆珠笔漏油的原因。原来，这是因为圆珠笔在书写一段时间后，珠子就磨损了，磨损以后缝隙就会增大，缝隙增大就会漏油。

很多专家试用了很多材料，不是不好，就是成本太高。有一个发明家另辟蹊径，他运用创新思维，不是在圆珠笔的芯上打主意，也不是在圆珠笔的珠子上打主意，而是控制油墨的总量。因为圆珠笔在写到两万个字左右的时候，就开始漏油了。于是，他就把油墨的总量控制在写一万五千个字左右，到时候油墨用完了，自然就不会漏油了。

结果，这一思路很好地解决了这个重大的难题，使圆珠笔得到了广泛的应用。

在创新中大胆求异，不仅包括新技术、新产品，还包括新思想、新观念、新理论、新方案、新点子等。

有一家牙膏厂，在激烈的竞争中，企业的业绩不断下滑，面对这个令人头疼的问题，公司总裁动员大家出谋划策，倘若能想出一个提高企业效益的点子，公司将重奖 10 万元。面对如此巨大的诱惑，员工们开始绞尽脑汁为公司出谋划策。

一位经理经过细细的思考，大胆地向总裁道出自己的建议："不如我们把牙膏的直径扩大一毫米?"这个建议立即引起总裁的重视并予以采

纳。付诸行动后，这个建议达到了令人意想不到的效果，扭转了业绩下滑的局面，使每天的销售量大大增加。最终，总裁兑现了自己的诺言，毫不犹豫地签了一张10万元的支票给这位经理。

只要敢于打破常规，就能从现有竞争模式中摆脱出来，就能更快速地取得胜利。比尔·盖茨常对员工说："微软离破产永远只有18个月。"这句惊人之语就道出了这个掌门人的危机意识，同时更激励员工要树立创新意识——如果没有创新，没有领先世界的技术优势，微软就不再是永不沉没的高技术企业航母。

创新，是一个单位或组织发展的动力，更是个人事业成功的关键。一个人要想获得成功，就要突破常规，跳出惯有的思维习惯，想别人所不想，干别人所不干。海尔集团总裁张瑞敏先生曾对员工说过这样激励的话："你能翻多大跟斗，我就给你搭多大舞台。"

没有一个公司需要墨守成规、不思进取、不敢改变的员工，改进自己的工作方法、创新自己的工作思路，是每个员工必须努力做的事。我们常说"穷则思变"，这里的"穷"可以理解为被生活所迫，可以理解为身处逆境、绝境，也可以理解为对现状不满，但我们更应把它理解为遇到问题主动去寻求解决的方法，而不是被逼无奈，不得不去做。

很多人认为创新是企业领导者的事，与自己无关。这种认识是完全错误的。杰克·韦尔奇曾说："我们每个人都有可能成为创新的人，关键是看我们有没有创新的勇气和能力，能否掌握创新的思维方法和运用创新的基本技巧。"

其实，创新并非高不可攀，每个人都有创新的能力，就看有没有去发挥它。有些人总有一种惰性，只是每天重复地完成工作，根本就不去想创新的事。他们一切都按固定的模式去做，结果做来做去，始终平平庸庸，没有丝毫的改变和进步。

所以，要想成为最能为公司创造效益的员工，成为领导的得力助手，就要学会创新，勇于创新，这才能实现工作效率和工作质量的快速飞跃。

思考

在工作中你是否经常凭经验办事？你认为这样做对工作有促进作用吗？假如你有较多的前人经验可以利用，你会放弃自己的主见吗？

你知道什么是逆向思维、发散思维吗？你能在日常工作中运用逆向思维、发散思维吗？如果你在工作中遇到了困难，你喜欢从另外的角度创造性地思考问题吗？

整合知识与经验，建构新的知识层面

创新不是拘泥于平常思维，而是一个人独特的有见解的思维，也就是要懂得改组原有的知识和经验，从而建构出新的知识层面。

曾经看过这样一个故事：

甲乙二人斗智，甲出了一个题目让乙来完成。这个题目看起来是不可能完成的，即在一个同时只能烙两张饼的锅中，3 分钟内烙好 3 张饼，每张必须烙两面，每面烙 1 分钟。这样算下来，最少需要 4 分钟才能把 3 张饼烙完。可是甲只给了乙 3 分钟的时间，这怎么办呢？

乙想了想，突然想到了在 3 分钟内烙 3 张饼的方法。这种方法的宗旨就是打破常规的烙饼方法：先烙两张饼，1 分钟后，再把一张翻烙，另一张取出，换烙第 3 张，又过 1 分钟，再把烙好的一张取出，另一张翻烙，并把第一次取出的那张放回锅里翻烙，结果，3 分钟后 3 张饼全烙好了。

从这个烙饼的故事中，我们能体会出效率的真正含义。也就是，在常规的工作过程中，其实有很多时间是没有取得实际意义的。你或许根本就没有察觉到它的存在，但它一直在影响着你工作的效率。要想提高你的工作效率，要做的就是把它找出来，剔除它。

比如那个烙饼的人，他工作的方式就是典型的立体操作。在这个操作过程中，每一个环节都不是独立的，而是交叉进行的。所以，他可以最

大化地压缩时间,从而得到最大化的效果。

对于我们来说,当一种经验主导了前进方向时,说是好事,但也是坏事。因为,经验虽然可以让我们得心应手,但也会扼杀我们的创新思维。所以,要想使工作变得快捷而高效,就要学会“温故”而“知新”,在汲取的同时更要学会创造。

领导对员工最大的担心是什么?就是没有创新精神,每天都在用一种传统的固定的思维模式去思考和处理问题。我们现在生活在一个信息时代,是生活中每时每刻都在发生深刻变化、知识每天都在更新的时代,你说你没有新招行吗?在工作中,你没有新方法、新思路,随时都有可能被市场淘汰。

可以说,现代的市场经济就是以变应变,以快制快,出奇制胜,创新制胜。所以,在我们遇到棘手的问题时,不妨打破定向思维,另辟蹊径,或许能够达到“柳暗花明又一村”的境界。

在营销学中,有一个精彩的案例,就是把梳子卖给和尚。

本来梳子是用来梳头发的,而和尚没有头发,怎么会买梳子呢?有甲、乙、丙三人去做了这个工作。结果是,甲卖出了1把,乙卖出了10把,而丙竟然卖出了1000把。

对于这三个人来说,甲和乙的业绩可以说相当于没业绩,而丙的业绩却高得出奇,这是为什么?丙成功的秘诀是什么?

甲说:“我一连跑了6座寺院,受到了无数和尚的臭骂和追打,但我仍然不屈不挠,终于感动了一个小和尚,买了一把梳子。”

乙说:“我去了一座名山的古寺,由于山高风大,把前来进香的善男信女的头发都吹乱了。于是,我便找到住持,对他说蓬头对佛祖是不敬的,应在每座香案前摆一把木梳,供善男信女来梳头。住持认为有理。那座庙里共有10座香案,于是住持就买了10把梳子。”

那么丙呢?他说:“我也是来到一座颇负盛名、香火极旺的深山宝刹,到了那里我就对方丈说,凡来进香者,都有一颗虔诚之心,宝刹应有回赠,保佑他们平安吉祥,鼓励他们多行善事。我有一批梳子,您的书法超群，可刻上'积善梳'三字，然后作为赠品送给那些善男信女们。方丈听罢大喜，立刻买下了1000把梳子。"

在这个案例中，甲的执著固然令人感动，乙和丙的智慧则更令人敬佩。有干劲不能不说是好员工，但光有干劲不一定就高效，要想高效还要具有智慧，积极地转变思维方式，用一种全新的办法来应对困难，这样才能取得最好的效果。

蒙牛老总牛根生讲述过这样一个观点："任何人、任何企业要发展得快，必须学会开拓新思路。"

要提升执行效率，出色地完成任务，只有锲而不舍的精神是不够的，还需要具有创新的思维，这样才能想人之所未想、做人之不敢做的事，使自己的业绩更上一层楼。如果一个人在工作中思维灵活，善于打破一切常规，就能在出现问题时，以最快的速度、最佳的方式去解决。

工作业绩需要靠奋斗去获得，但工作中的智慧有时候则更为重要。其实，执行就是这样，要想高效率地执行，就要有新方法。

思考

当人们感叹"这世界变化太快!"时，对于"变化"，你是如何应对的？

你是不是有过这样的想法：创新和突破都是别人的事情，我的工作太平凡了，根本没有机会也没有必要创新？

你有过新想法吗？你认为，放弃自己原有的优势和经验，重新思考问题，不循规蹈矩是一种创新吗？

用超前思维创造幸运，用发展的眼光关注问题

创新不仅仅是一种能力，更是一种态度，所反映的就是员工对待工作的态度：是按部就班、不思进取混日子，还是积极进取、敢为人先创一流。

美国有一家规模不大的缝纫机厂，在第二次世界大战中生意萧条，工

厂老板杰克看到战时百业俱凋，只有军火是个热门，而自己却与它无缘。于是，他把目光转向未来市场，告诉儿子，缝纫机厂需要转产改行。

儿子问他："改成什么？"

杰克说："改成生产残废人用的小轮椅。"

儿子当时大惑不解，不过还是遵照父亲的意思去办。经过一番设备改造后，一批批小轮椅面世了。这时战争刚刚结束，许多在战争中受伤致残的士兵和平民，纷纷购买小轮椅。杰克工厂的订货者盈门，产品不仅畅销美国，还远销国外。

儿子看到工厂生产规模不断扩大，财源滚滚，在满心欢喜之余，不禁向父亲请教："小轮椅不能继续大量生产，因为需求市场快要饱和了。未来的几十年里，市场会有什么新需要呢？"

杰克早已成竹在胸，反问儿子："战争结束了，人们的想法是什么呢？"

"人们对战争已经厌恶透了，希望战后能过上安定美好的生活。"

"那么，美好的生活靠什么呢？要靠健康的身体。将来人们会把身体健康作为重要的追求目标。所以，我们要为生产健身器做好准备。"他进一步指点儿子。

于是，生产小轮椅的机械流水线被改造为生产健身器。最初几年，销售情况并不太好。这时杰克已经去世，但是他的儿子坚信父亲的超前思维，仍然继续生产健身器。结果就在战后十多年左右，健身器开始走俏，不久便成为热门货。当时杰克健身器在美国只此一家，独领风骚。

杰克之子根据市场需求，不断增加产品的品种和产量，扩大企业规模，终于使杰克家族进入到亿万富翁的行列。杰克每次都准确地预见了未来的市场变化，为了抓住一闪而过的机会，他早早地做好了充分的准备，因而每一次都获得了成功。

在这个世界上，创新就是成功之门。创新就来自于对生活的发现，只要你敢于发现，善于思考，你会发现，给你惊喜的创新其实并不难。

两个欧洲的推销员去非洲推销皮鞋。由于天气炎热，非洲人向来都赤着脚。第一个推销员看到此景立刻失望起来,并即刻打道回府。而另一个推销员却惊喜万分:“这些人没有鞋穿,一定大有市场啊!”于是他想方设法,引导非洲人购买皮鞋,结果发大财而归。

同样是非洲市场,同样面对赤着脚的非洲人,由于观念之差,一个人因循守旧,不战而败;而另一个人信心满怀,敢于创新,大获全胜。这就是创新与守旧的天壤之别。

就像日本索尼公司创始人盛田昭夫所说:“我们的目标是引导大众的新产品消费,而不是问他们需要怎么样的产品。大众并不知道什么是可能的,但我们知道,所以我们不断精练一个产品,设计它的用途,并力图通过对大众的宣传教育以产生这种产品的市场,而不是做一大堆市场研究。”

超前思维,也叫做“预测性思维”,就是用将来可能出现的情况对现在进行弹性调整的思维方式。换句话说,超前思维就是人们如何用目标、计划、要求来指导自己行为的思维方式。

有一年,江西信丰瓜农刘新女种植了4亩西瓜,当西瓜长到八成熟时,她将写有“吉祥如意”、“生日快乐”等词句的纸剪成空心字贴在西瓜上,通过阳光的照射作用,几天后,西瓜便长出清晰的文字来。结果,“长”字的西瓜吸引了一批瓜商前来抢购。刘新女将创意巧妙地运用到农副产品生产上,西瓜由此销路大开,而且还卖出了好价钱。

创意使普通的西瓜变成“长”字的西瓜,让消费者买瓜的同时得到了一份精神上的满足,这便是创意赋予产品的独特魅力。

其实,在我们每个人的身上都潜伏着成功的种子,一旦结束冬眠,采取行动,就能助你攀上连自己也不敢相信的高峰。不论你目前是否遇到“自认为不够”这一类问题,只要尽力完善自己的人格,恪守立身处世的正道,再加上勤奋,你就有99%的希望成为天才。

美国壳牌石油公司企划总监阿瑞斯·德格曾说:“唯一持久的竞争优势,也许就是比你的竞争对手学习得更快的能力。”因此,这就要求我们必须目光远大,不要鼠目寸光,要用发展的眼光关注未来的前景,抓住

未来发展趋向，制定相应决策。

冲破思想障碍，用超前思维创造幸运，从没有路的地方走出路来，从原有的框框中走出一个新的天地来，这就是创新。所以，具有超前思维的人，也必定是最受机遇女神青睐的人。

思考

见一斑而窥全豹，事物之间总是相互联系的，你有没有根据局部现象得出普遍结论的能力？你有用这个方法解决问题的经历吗？

你如何看待创新能力与实现执行目标之间的关系？你认为如何才能具备见一斑而窥全豹的能力？你曾努力尝试培养这种能力吗？

模仿不是简单复制，创新的实质是吸纳

创新需要独智独行，但也不排斥借用他人的一切成果、一切思想。相反，善于拿来、善于借鉴，站在巨人的肩膀上，往往更会有奇绝的创新。

法国画家让－奥古斯特·多米尼克·安格尔曾说："请问著名的艺术大师哪个不摹仿别人？从虚无中是创造不出新东西来的，只有构思中渗透着别人的东西，才能创造出某些有价值的东西。所有从事文学艺术的人，在某种程度上说，都是荷马的子孙。"

创新并不是孤立地去独创，独创也要与继承结合在一起，要善于处理独与众的关系。就如同小孩子都是先模仿父母讲话，才慢慢学会组织自己的语言一样，许多成功其实也都是建立在模仿的基础之上。

模仿与创新并不矛盾。在陌生的环境下，对问题不了解或无从下手的时候，不妨就借鉴他人的经验，模仿别人的做事方式，这也是一种非常有效的方法。

有一个法国人，年届42岁时，仍一事无成。他认为自己简直倒霉透了：离婚、破产、失业……他不知道自己生存的价值和人生的意义。他对

自己非常不满,变得古怪、郁闷,同时又十分脆弱。

有一天,一个吉卜赛人在巴黎街头算命,他随意一试。吉卜赛人看过他的手相之后,说:“您是一个伟人,您很了不起!”

“什么?”他大吃一惊,“我是个伟人,你不是在开玩笑吧?”

吉卜赛人平静地说:“您知道您是谁吗?”

“我是谁?”他暗想:“我是个倒霉鬼,是个穷光蛋,是个被生活抛弃的人。”但他仍然故作镇定地问:“我是谁呢?”

“您是伟人,”吉卜赛人说,“您知道吗,您是拿破仑转世!您身体流的血、您的勇气和智慧,都是拿破仑的啊!先生,难道您真没有发觉,您的面貌也很像拿破仑吗?”

“不会吧……”他迟疑地说,“我离婚了,破产了,失业了,我几乎无家可归……”

“那是您的过去,”吉卜赛人说,“您的未来可不得了!如果您不相信,就不用付钱给我了。不过,五年后,您将是法国最成功的人!因为,您就是拿破仑的化身!”

他表面装作极不相信地离开了,但心里却有了一种从未有过的美妙感觉,他对拿破仑产生了浓厚的兴趣。回家后,他想方设法寻找与拿破仑有关的著作来学习。渐渐地,他发现,周围的环境开始改变了,朋友、家人、同事、老板,都换了另一种眼光看待他,事业开始顺利起来。

后来,他才领悟到,其实,一切都没有变,是自己变了:他的气质、思维模式,都在不自觉地模仿拿破仑,就连走路、说话都像极了他。13 年以后,也就是在他 55 岁的时候,他成了亿万富翁,成了法国赫赫有名的成功人士。

通过了解拿破仑,模仿拿破仑,这位中年人改变了自己的命运,获得了成功。其实,关键并非他模仿了谁,而在于他将成功人士的成功品格内化,变成了自己的品格。所以是他的模仿改变了他,让他获得了成功的根基。

现在有许多人反对模仿,其实这缘于对模仿的错误认识。不同的模

仿，我们应不同对待。那些双赢类的模仿，或是对他人经验的借鉴，或是根据实际情况，经过自己思考甚至加以改良的模仿，就是应该得到大力支持的，因为这些模仿都是经过模仿者的思考的。

而对于那些恶意模仿，损害他人的利益，或是完全不经思考的“拿来主义”，则应当抵制，因为那些单纯甚至恶意的模仿，不仅帮助不了自己成功，反而会阻碍发展。

彼得·德鲁克曾说：“创新的含义是有系统地抛弃昨天。”如果不放弃陈旧的、落后的思想、观念，怎么可能创新呢？只有放弃了，才能去掉旧的束缚，才能够接纳新思想、新观念、新见解。创新需要放弃，但不能仅仅靠放弃。在放弃中，也有不可放弃的东西，这就要学会取其精华，弃其糟粕。

运用模仿的方法来获得成功，可以说是一种借鉴他人经验来获得自身成功的方法，许多人能解决问题或是获得成功，都是在模仿的基础上进行创新，并加入自己独特的元素，这样就能将原本属于他人的东西变成自己的东西。

借鉴不是简单的拿来主义。借鉴是一种至高的模仿创新艺术，讲究的是踏雪无痕，润物无声。因此，作为一名执行中的创新者，一定要深谙借鉴的秘籍，灵活地掌握好借鉴的技巧，要借得妙、借得好，才能达到预期的目的，成就最终的辉煌。

所以，那些善于借鉴的人，善于把别人的长处变成自己长处的人，就可有效地缩短自己摸索过程，从而在执行中更容易脱颖而出。

思考

你认为创新与抄袭的区别在哪里？你认为怎么才算是一个成功的创新？

你是否能通过观察生活或他人的工作，“意外”地找到解决问题的方法？你是否有过因自己的解决方法而被领导表扬的情形？

依靠头脑风暴，发现量大质优的方案

创新，必须以联想、想象为基础。

爱因斯坦曾经说过："想象力比知识更重要，因为知识是有限的，而想象力概括着世界的一切，推动着进步，并且是知识的源泉。"因此，要鼓励自己多想象。

在工作中遇到困难，千万不要告诉自己"这样行不通"、"那样不可能"，在这个科技飞速发展的社会，没有什么是不可能的。可以说，只有做不出来的东西，没有想不出来的东西。只要你敢想，就能变成现实。

在17世纪的荷兰，某一天，眼镜店老板汉斯的孩子拿了几块镜片，有远视的，有近视的，也有老花镜片，与邻居的几个孩子一起玩。

有一个淘气的孩子想出了一个新玩法，一只手拿着近视镜片，一只手拿着老花镜片，把它们一前一后地拿在眼前，向远处望去，不由惊叫起来："天啊，礼堂的尖塔怎么变得这么近了？"

孩子们的行为给了汉斯启示，汉斯通过联想和实际操作，用老花镜发明了世界上第一架望远镜。

创新对于每个人来说其实并不难，只要与实现目标相关的方法和策略相结合，你就能充分挖掘出很多切实有效的方法，并成功地运用。值得注意的是，在这一阶段，不要受任何条件的限制，放飞思想，突破所谓的"可行性"禁锢和"通常"做法。

"头脑风暴"的理念就是："量大一定有质优的。"如果仍然没有找到优质的方案，只能说明方案的数量还不够多，这时就要进一步扩大范围。比如分成100个小组，15分钟之后，每个小组会有100种方法，100个组就能达到上万种，去掉其中重复的，仍会有五六千种，这时，就一定能从中找出最佳的解决方案。

为大脑“松绑”，给灵感铺一片诞生的沃土，尽情发挥自己的想象力和创造性，并从中捕捉灵感的闪电。这就是最好的“头脑风暴”，就是为高效执行找到最好方案的最佳方法。

思考

在改变工作的方式或方法时，你在脑海中有没有假设过“假如……”会“怎么……”的场景？

你认为集思广益对你的工作或生活有帮助吗？你有相关的经历吗？你能举出一些因采取别人建议而提高自己工作效率的实例吗？

你认为多读书、看报、上网，收集智力型的故事或游戏测验，能锻炼自己的思维能力和创新能力吗？

第13章

高效执行，注重结果的思维模式

对于每一个员工来说，如果想比别人更成功更有成就，只有一个办法——高效率地工作。所谓高效率，就是不仅要快，更重要的是要有效果。

执行是一门关于结果的学问，因为我们必须靠结果生存。没有结果，无论你多辛苦，你的劳动都会一钱不值。有什么样的结果，就有什么样的命运。一切都得看结果。正所谓：结果改变命运。

所以，对于一项任务，一千个、一万个理由都不重要，重要的是这项任务的结果是什么。只有每一个执行者都提供令客户满意的结果，企业才会蒸蒸日上。

注重实效,有效果比有道理更重要

企业是要赚钱的,利润才是企业的命脉。评判一个人业绩是否优良,不能只看他所做事情的多少,更要看他最终完成的成就有多少。

小王是某企业的行政人员,老板交给他一个任务:去一家长期合作的供应商那里采购某种原材料。小王出差一天后回来,沮丧地告诉老板:"真是不巧,这家供应商不生产这种原材料了,库存前几天已销售完,我们晚了几天。"

在很多人看来,小王完成了任务,结果也有了。可是,这样的结果对企业而言,有什么意义!问题解决了吗?没有。因为我们丝毫看不出小王存在的价值。

相反,小王如果进一步反问自己:这家供应商不再生产该原材料,该怎么办?是不是可以去联系其他供应商?是不是可以开发一些新的供应商?是不是可以用其他材料替代?如果所有厂家都不再生产该原材料,就应当了解清楚原因。只有最终将问题解决,才算取得了成果!

只有成果是与目标相一致的结果,才是百分之百的结果,才是领导想要的结果,才是解决问题的结果。

工作的过程就是解决一个个问题的过程。有时候,一个问题会摆到你的办公桌上让你去解决。问题本身已经相当清楚,解决问题的办法也很清楚。但是,不管你要冲向哪个方向,想先从哪个地方下手,正确的工作方法只能是:在此之前,请你确保自己正在解决问题,而不是找到不能解决的答案。

就像我们去医院看病一样,当我们有一点发烧来到医院,会告诉医生自己的症状:嗓子痛、头疼、鼻子堵塞。但这时医生不会马上就相信病人的结论,他会翻开病历,问一些探究性的问题。然后,再做出自己的判断——病人也许是发烧，也许是感冒了，还可能得了什么更严重的病，最终根据自己的判断来做出诊断。

同样，如果一个员工不能在实际工作中创造实效，那么这个员工在企业中就不可能拥有立足之地，更不会有企业对这样的员工加以重用。注重实效，是员工在实际工作中必须端正的一种工作态度。否则，企业就不会得以生存，更不可能有持续性发展。

诺贝尔为了研究炸药，曾经多次把自己的家炸毁，就连周围的邻居也不能幸免于难，以至于后来没有人愿意让他住在周围；诺贝尔还几次险些因为试制炸药而命丧黄泉，甚至有很多次正当人们准备向他哀悼时他却穿着被炸烂的衣服、挂着满脸黑灰出现在人们面前。

当时，有无数人批评和阻止他的"没有道理"的行为，诺贝尔也没有时间和这些人讲道理，他只是坚持不懈地研究和配制自己的炸药，直到最后获得巨大成功。他不靠一名空谈终于成为世界上最伟大的人物之一，而当初那些与他讲道理的人却没有一个做出能与之相比的伟大成就。

诺贝尔不善于讲道理，在研究和配制炸药的过程中遇到过无数常人想象不到的艰辛与困苦，但是他从来没有把那些艰辛与困苦当做退缩的理由，尽管这些理由一经摆出就会充分开脱自己，而是坚定自己的伟大使命，一步一个脚印地干下去，最终创造出具有实效的成就，这也成了他说服他人最好的理由。

有这样一个寓言：一群老鼠开会，讨论怎样对付猫的袭击。一只被公认为聪明的老鼠提出，在猫的脖子上挂一个铃铛。这样，猫行走的时候，铃铛就会响，听到铃声的老鼠不就可以及时跑掉了吗？大家都认为这是一个好主意。可是，由谁给猫挂铃铛？怎样才能挂得上呢？这些细节问题却无从解决。于是，"给猫挂铃铛"就成了一句鼠辈的空话，人类的笑谈。

这则寓言给大家带来一个启示：任何一项工作或决策，不是道理看起来多么合理诱人，而是是否能够得到实际的效果，如果只是看起来有道理，而无法得到实际的效果，那么道理再合理也只能是空谈，没有实际

意义。

工作中很多人以为，只要自己努力工作，默默耕耘，鞠躬尽瘁，就一定能够得到重用。其实，“没有功劳有苦劳”绝不是一个执行者应该有的态度。因为没有功劳，再多的苦劳也等于零。

残酷的市场竞争讲究的就是实效，在实效面前任何道理都是苍白无力的。如果一个企业不能生产和销售对人们生活或社会发展有实际效用的产品或服务，那这个企业就不会得以生存，至于持续发展就更不用提了；同样，如果一个员工不能在实际工作中创造实效，那这个员工在企业中就不能找到立足之地，更不会有企业对这样的员工加以重用。

中国改革开放的总设计师邓小平曾说：“不管黑猫白猫，能抓住老鼠就是好猫。”这也在一定层面上反映了这样一个道理：在市场经济的指挥棒下，不论资历不论学历，只要能取得成绩，就是一个好干将。

注重实效，是企业员工在实际工作中必须端正的一种工作态度，所以不要总是抱怨领导不给自己机会，而是要让领导看到你的能力和潜质，要拿业绩来说话。

思考

在执行过程中，你身边出现过“形式主义”吗？你如何看待那些搞“形式主义”的人？他们错在哪里？如果是你，你会怎么做？

你能将领导的期望转化成领导希望的结果吗？必须放弃哪些旧观念，才能改变你的现状？

没有正确的结果定义，就没有正确的工作起点

在开始一项工作和任务之前，一定要明确最终的结果，不管从哪一天起干哪一件事，所做的事情都不能违背这个最重要的结果，这样你所做的事才会有意义。

在管理界,有一个被广泛传播的事例,就充分说明了这一点:

有一群伐木工人要去砍一片树林,于是他们走进一片丛林开始清除矮灌木。这些灌木可谓难以处理,非常费力气。当他们费尽千辛万苦好不容易清除完一片灌木林,直起腰来准备享受一下完成了一项艰苦工作后的乐趣时,却猛然发现,不是这块丛林,旁边的那片丛林才是需要他们清除的丛林!

这个故事虽然很可笑,却很明确地指出了很多人在工作中存在的问题:如果没有正确的结果定义,就不可能有正确的行动,更不可能获得实际的结果。

在实际工作中,有很多人就如同这些砍伐矮灌木的工人,常常只是埋头砍伐矮灌木,甚至没有意识到要砍的并非是那片丛林。这些人看似忙忙碌碌,最终却发现自己与目标背道而驰,这就是许多人效率低下、无法做到卓越的原因所在。

比如,一位老总在公司成立十周年之际,想感谢一下一路陪公司风风雨雨、为公司保驾护航的老员工们,于是叫秘书收集一下在公司服务了三年以上、五年以上及七年以上的员工名单及生日,想在公司年会上一一酬谢。并且,希望以后每年在员工生日的时候,都为他准备一份生日礼物。

一周后,老总的桌上多了一张 A4 纸,上面清晰地列明了在公司服务了三年、五年及七年以上员工的名单及出生日期。但是,老板看到后,却不禁哑然地苦笑了起来——他要的不是这样一份罗列的名单,如果是要这样的名单,只要叫人事部提交一份就可以了,又何必专门叫秘书来,说一大堆话呢?

做事前,一定要先看好做事的结果。有了正确的结果定义,做起工作来才会有正确的起点,这个起点就决定了以后该怎么走,事该怎么做。有了这个好的起点,那么过程也必定是顺利的,结果更必定是令人满意的。

在某杂志上看过这样一篇文章:

有个商人从日本回来,想在中国投资开一个日本料理店。于是,他跑遍了整个城市,看了无数房子,最后从中挑出了 10 个列为准店。

之后,他将这10个准店按位置、环境、布局等方面的优劣列成清单,并进行反复比较,从中选出了3个。接着,他将这3个店的位置、环境、布局及服务内容等方面列成一个更为详细的调查表,委托一家信息咨询公司做市场调查,根据调查反馈,最后确定了其中的一个。

确定后便开始装修,他向装修公司极其详细地讲述了他的意图。不仅店内所有的空间,门厅、厨房、卫生间里的每一个角落都不放过,而且,连店外远至百米的路段也做了精心布置,简直精细到了极点。

开始,他的一位朋友为其认真的态度所感动,继而便有些不耐烦了,这位朋友觉得他有些陌生了,原本是挺豪爽大气的一个人,几年不见,怎么竟变得如此婆婆妈妈、心细如针了?但装修好后,这个店给这位朋友的第一感觉就是舒服,第二感觉还是舒服,你想到的他都想到了,你没想到的他也想到了。

即使这样,这位商人还是不放心,他又让朋友帮他挑毛病。朋友看着他,越发觉得他陌生。从选店到装修,不仅多跑了许多路,多用了许多钱,更重要的是,多花费了许多时间。如果换成自己,早就营业赚钱了,可他还在这里挑毛病。于是,朋友就对他说:"挺好的,赶快开业吧,早开一天早收入一天。"

他却回答:"正式开业还要等一个星期,从明天开始,我请你带朋友来吃饭,全部免费,但有一条,每吃一次,至少要提一条意见。"

"为什么?"

"因为在日本,饭店不能让客人等待超过5分钟,不能让客人有任何不满意的地方,现在开业我没有把握,所以我付费请咨询公司替我找最挑剔的顾客来,如果你方便也请你来,多挑毛病,拜托了!"

"你也太认真了,这是在中国,不用这样,要我说,先开业,发现问题再说,再改也来得及。"

"不,我不能拿顾客做试验。在日本,我做过调查,开业最初10天进店的顾客,基本上是长期顾客,如果你在这10天留不住顾客,就得关门。"

"为什么?一个新开的店,有点不足是难免的。客人也会谅解的,下次改正就行了。”

“不，在日本，没有下次，只给你一次机会。我刚到日本和日本人交往时，觉得他们很傻，你说什么他都信，你如果想骗他其实很容易，但是他只让你骗一次，以后永远不会和你来往。在日本，只要是由于你本人的原因犯错，你就得走，不能说：‘对不起，这次我错了，给我机会，我保证下次改。’没有下次，只给你一次机会。”

朋友突然明白，他如此认真，如此精细，原来是这个看来没有什么了不起的料理店，在他看来，仅次于他的生命，这既是他的第一个店，也是他最后一个店，成败只此一次，没有下一次，更无再下一次。

每一件事和每一项工作都会有其特定的最好结果，这个最好结果就是我们做一件事和一项工作所期望达到的最终目标。如果一个人把结果定在错误的方向，怎么能做出令人满意的结果呢?

高效率的人最明显的特征是，他们往往在做事之前，就清楚地知道自己要达到一个什么样的目的，清楚为了达到这样的目的，哪些事是必需的，哪些事往往看起来必不可少，其实是无足轻重的。一开始心中就怀着这个最终目标，这样从一开始时就知道自己的目的地在哪里，就知道自己应朝着哪个方向走。因而，他们做工作总能事半功倍，并且使自己显得更加卓越而高效。

在做一件事之前，一定要先问一下自己：我现在到底在干什么？我现在做的是领导或自己想要的结果吗？只有把这些问题弄清楚了，才能走在正确的方向上，才能得到真正想要的结果。否则，就会像小学时学过的“南辕北辙”的故事，驾着车子朝与自己的目的地相反的方向跑，只能是越跑离目标越远，越跑离成功越远。

勤奋没有错，但一定要用在正确的道路上，弄清楚自己的位置，知道自己能干什么、不能干什么，选择自己的方向，只有这样才有可能成功，工作才会有效率。否则，往往会竹篮打水一场空。

思考

你如何看待执行环境与结果的关系？在你的执行策略中，你认为哪

种方法可以更实用、更有效、更直接?

从结果开始倒推,要达到某种你想要的结果,需要做哪些工作和步骤?

价值是结果的核心,成果需与目标一致

卡耐基曾说过这么一句话:“我年纪越大,就越不重视别人说些什么,我只看他们做了什么。”中国谚语则有“一个行动抵一万句口号”的说法。

如果目标是在3个月内完成一部书稿的创作,最后延期半个月完成,那么,这不是成果。

如果目标是一天内翻译5000字的外文著作,最后翻译了4800字,那么,这不是成果。

如果目标是1个月内达成6万的销售业绩,最后因为公司搬迁,只达成4.8万的业绩,那么,这不是成果。

从员工与企业的关系而言,企业支付员工薪水,员工为企业创造价值,这种关系本质上是价值交换关系。而价值的体现就是成果。

很多人说:“我虽然没有取得成果,但是我付出了艰辛的劳动,没有功劳也有苦劳啊!”但是,你的苦劳不是企业需要的,苦劳不会为企业创造任何价值,企业不会因为你的苦劳而支付你薪水。“成者为王败者寇”,这是自古恒定不变的道理。

在历史的评价中,个人的功过是非完全依赖于成果,不会凭个人的主观意愿。试想,如果老子没有《道德经》,孔子没有《论语》,屈原没有《离骚》,司马迁没有《史记》,杜甫、李白没有艺术成就杰出的诗篇,他们一定不会彪炳千古。凡·高如果不是留下《阿尔的太阳》、《自画像》、《星空》、《麦田》等名画,他一定被世人视为一个疯子,遗忘在历史深处了。

还有，如果秦始皇没有最终统一中原，结束战国纷争的局面；如果李世民没有最终登上皇位，励精图治，开辟了繁荣富强的盛世，他们一定不会名垂史册。

从企业与客户的关系而言，客户只为企业提供的成果埋单。一件次品，即使企业耗费了巨大人力、物力、财力才制造出来，客户也绝不会掏钱买走它；一顿难吃的晚餐，即使花费了无数心血，顾客也不会平心静气地吃完它。无论企业多么用心经营，只要无法为客户提供成果，就会被无情地淘汰。

一言以蔽之，成果决定价值，价值决定生存。员工没有成果，会被企业“炒鱿鱼”；企业没有成果，难逃倒闭的厄运。

就像睡觉一样，睡觉没有“价值”，睡着才有“价值”，睡觉但睡不着叫什么？叫失眠。失眠不仅没价值，还是一种病。如果我们工作时，仅仅是完成任务，而不是追求完成的结果，那么就是在睡觉，却没有睡着，处于失眠状态。

企业是要靠成果生存和发展的，成果不理想，企业就难以在市场立足。任何一家企业都要遵循一种商业关系，即价值交换的关系，这种关系的本质就是不同成果间的互换，或者叫利益交换：企业提供相应的成果，客户付给费用。

比如，快递公司为客户快递一份重要的文件，费用大概是20元。如果公司员工因为赶上刮风下雨的恶劣天气，或者赶上交通拥堵没有按时将文件送达，客户会不会付给你20元钱？

或者，你在承诺的时间内将文件送达，但是不小心文件被雨淋湿了，客户会不会按原价付给你费用？

再或者，你克服种种不利的条件，付出了比平时多得多的汗水，终于万无一失地按时将文件送达，客户会不会因为你的辛苦而多付给你费用？

不会的。

因为20元钱交换的就是你把文件保质保量地送到客户手中这样的结果，而不是你为这个结果付出的劳动。劳动的过程是不值钱的，只有劳

动的结果才有价值，所以，不管你的苦劳有多高，都是20元钱这样的价值。

商业的本质就是价值交换，市场只会承认效率，公司只能承认功劳。一个员工无论多么努力，如果提供的是不可以与客户交换的价值，那么这样的努力就毫无意义。

同样的道理，一个企业也不会因为全体员工的卖命苦干而得到市场的认可，只有企业为市场提供了满足消费者实际需求的产品或服务这样的结果，才会换来市场的回报。没有结果的执行没有任何意义，不论你付出了多少汗水，多么辛苦，加了多少夜班，投入了多少人力、物力、财力，只要没有提供有价值的结果就等于没有把任务执行到位。

当今企业中，有不少员工存在这样的想法：当领导交待的任务没有成功完成的时候，会产生“没有功劳也有苦劳”的观念，觉得管理者会谅解自己的难处，会考虑自己的努力因素。但是，你是否知道，没有功劳的所谓苦劳不但消耗了自己的时间，还浪费了公共的资源！

将执行力落实到位意味着，不管担任什么工作，都要对结果负责，都要为结果而战。就像一支球队不会因为所有队员都拼得筋疲力尽、累倒在地而被授予奖牌、获得荣耀，只有比赛取胜的结果才会给他们带来荣耀。

无论是战场还是职场，都必须懂得“有苦劳，更要有功劳”才是生存法则。总觉得自己没功劳也有苦劳，就是承认低效率，这样的结果就是不积极进取，得过且过，如此一来企业也就没有了效益可言，倒闭也成了早晚的事。

请记住，企业购买的是结果，也就是劳动的结果，而不是劳动的过程。劳动的过程是不值钱的，只有劳动的结果才值钱。也就是说，功劳是价值，苦劳却不是价值。

思考

为什么上天总不垂青于你？在工作中，你是关注自己“做了什么”，还是关注自己“做到了什么”？

你如何理解“目标”、“结果”和“价值”三者之间的关系？在对三者的深刻的上，你觉得自己应该如何做到这一点？

别干面子活，把工作干好才是真得好

一个高效能的员工，必定是一个老板在不在身边也会卖力工作的人，而只在别人的眼皮底下才肯卖力工作的人，是很难能有大成就的。

其实，对于执行来说，就其执行状态可分为三种：

第一种，敷衍应付，做是做了，但和预想和要求的差很多，也就是打了折扣。

第二种，领导要求的，会做到；领导没要求的，不会多做。

第三种，不仅领导要求的会做到，领导没有要求的，只要是有利于把事情做得更好，都会主动去做，让结果远远超过领导的期望。

要想成为最好的执行者，就要用第三种标准要求自己。

一些人总是看领导的脸色行事，而不是按照领导提出的原则和结果定义去办事，这些人把大部分时间和精力用在了观察领导脸色上，用在了如何讨好领导、让领导欢心上，而没有用在如何为领导提供结果和价值上。这样的人不但不会有高效率，更不会得到领导的赏识。

有三个人到一家建筑公司应聘，经过考试，他们从众多的求职者中脱颖而出。人力资源部经理对他们说了一声“恭喜你们”后将他们带到一处工地，那儿有几堆摆放得乱七八糟的砖瓦。

经理告诉他们先每人负责一堆，将那些砖瓦码放整齐，然后在三人疑惑的目光中离开了。甲说：“我们不是被录取了吗？为什么把我们带到这里？”乙说：“经理是不是搞错了，我可不是来干这个的。”丙说：“别说了，既然让我们干，我们就开始干吧。”说完就开始干了起来，甲和乙也只好跟着干。还没完成一半，甲和乙就慢了下来。“经理已经走了，我们还

是歇会吧。”甲说。乙跟着也停了下来，丙却还在继续干着。

这样，等到经理回来的时候，丙还有十几块就全码齐了，甲和乙完成的还不到一半。经理说：“下班时间到了，先下班吧，下午接着干。”甲和乙如释重负般扔掉了手里的砖，而丙却坚持把最后十几块码齐了。回到公司，经理郑重地对他们说：“这次公司只聘用一人，刚才是最后一场考试。恭喜丙，你被录用了。至于甲和乙，你们回去不妨想一下这次自己之所以落聘的原因。”

在职场中，像甲和乙这样的人大有人在，他们接到任务后推三阻四，不能立即执行到位。老板在与不在他们的表现完全不同，老板在的时候表现出一副忙碌、认真工作的样子，老板不在身边就偷奸耍滑，糊弄事。还有一种人，他们严格“遵守”老板的指令，让干什么就干什么，多一点都不会干。这种人完全属于只做别人交代的工作的人。

听命行事固然是员工的神圣职责，但主动进取更被企业所提倡。哪些该做，就应该立刻采取行动，不必等到别人交代。清楚了解公司的发展规划和你的工作职责，就能预知该做些什么，然后——着手去做！

在工作中，有的人早来晚走，为什么？因为领导也是早来晚走，这样他就觉得领导一定会看到他积极的工作表现，给领导留下深刻的印象，即使没有功劳，也会有点儿苦劳，将来说不定会得到提拔。领导早来晚走是有工作要做，而这种人早来晚走是给领导装样子，自己付出了不少，却与领导交换不了什么。

相反，别的同事没有早来晚走，却在正常的工作时间内创造出了一流的业绩。领导说这个月重点是做新客户量，他就立即执行，开发出新客户；领导说这个月重点是展销会，他就立即执行，在展销会上拿订单；领导说这个月重点是客户回访，他就立即执行，把回访的客户意见整理好交给领导……他的精力和时间永远聚焦在公司的战略上，部门的重点工作上，而不是用在讨好领导上。

这样的同事，可能一天下来与领导相处没有一个小时，也说不上一句话，甚至说了一句话，还顶撞了一下领导，但是，这都不重要，重要的是他为领导提供了价值,可能他的某些习惯领导并不喜欢,但是他获得的结果却让领导佩服。

作为员工,要想获得最高的成就,就要永远保持主动率先的精神,在工作中投入自己全部的热情和智慧。要时刻牢记自己肩负的使命,知道自己工作的意义和责任,并永远保持一种自动自发的工作态度,为自己的行为负责,坚持不懈地努力,这样才能到达成功的彼岸。

所以,在工作中,不要总是想方设法地去迎合老板,不要总想着投机取巧,把心思放在揣摩老板的意图上,工作要的是结果,能把工作干好才是真的好,这才是高效能员工的工作态度。

思考

为什么在公司工作只要功劳,不要苦劳?在工作中,你是以"努力的过程"说话,还是以"结果"说话?

"成者为王,败者为寇"是千古不变的道理,这个道理说明了什么?你如何理解"结果论成败"这句话?

言出必行,为高效执行增加砝码

什么是执行力?执行力就是言出必实践,即"言必行,行必果",就是用具体实质把计划转化为行动,用行动得到最高效的结果。

曾经看过这样一个小故事:

一个替人割草的男孩打电话给王太太说:"您需不需要割草?"

王太太回答说:"不需要了,我已有了割草工。"

男孩又说:"我会帮您拔掉花丛中的杂草。"

王太太回答:"我的割草工已经做好了。"

男孩又说:"我会帮您把过道边的草割齐。"

王太太说:"我请的那人也已经做好了,谢谢你,我不需要新的割草

工人。”

男孩便挂了电话。

这时,男孩的室友疑惑地看着他,对他说:“你不是已经在王太太那儿割草打工了吗?为什么还要打这个电话?”

男孩微笑着说:“噢,我打电话只是想知道,我做的工作是否足够好!”

是执行了,还是有效执行了,这是评价执行力的核心标准。通俗地说,是做了,还是做好了。这是个问题。执行,是个过程。有效执行,就是达到或超越既定目的,得到结果。所以,有了正确的目标,剩下的就要看执行的结果。

一家鸡蛋生产企业的老板为保证生产质量,给员工定下了生产指标,比如产蛋率达到多少会受到奖励,破蛋率超过多少会受到惩罚。

正所谓“上有政策,下有对策”。员工为减少破蛋率,就直接丢掉破蛋,让老板无法统计破蛋率,这虽然也不利于统计产蛋率,但是这种做法即便不能使产蛋率达到指标而得奖赏,也不会因破蛋率过高而受到经济处罚。

在很多企业存在着这样的现象:人们为了图方便,而绕开公司的章程制度;管理人员在管理过程中常常是经验管理,对已有的流程制度置若罔闻;民营企业老板越过正常的组织架构进行越级指派等。

这种耍“小聪明”的做法,其结果只能是员工与老板始终在“斗争”,最终导致各种内耗,使企业的未来发展被荒废,执行力大打折扣。

一个有执行力的员工,必定有着训练有素的思维和行动,因其实实在在的工作成果受到老板的欢迎。

然而,在工作中,一些员工总抱有这样的想法,“结果是什么,我不敢保证,但我一定尽力而为,哪怕结果不一定好,但我一定要做到问心无愧”。有这类心态的员工会尽最大的努力去实现某个结果,如果结果并不理想,达不到预期,就会说“我已经尽力了”。言外之意是,这不是我的责任了,公司不应该再惩罚我了。

如果你是一个领导者，你会对这种自欺欺人的员工感到满意吗？肯定不会！所以，要想做好执行，就必须具有“言必行，行必果”的做事态度，否则，在完不成任务时，总以“我已经尽力了”这样的理由逃避责任，只能导致低效率。

有了“真正对结果负责”的心态，永远锁定“最好的结果”这个目标，才有可能消灭自己内心一切投机取巧的想法，不管遇到多大的困难，不管遇到怎样的挫折，都会为了获得结果而坚持到最后。

就像一位小伙子在一家四星级酒店的厨房洗盘子，如果酒店规定一个盘子一定要洗七遍，那么就要老老实实地按规矩来，每洗一个盘子一定洗完七遍才可以换下一个。否则，虽然少洗一两遍经理看不出来，看似效率“高”，实则危害了整个酒店的形象。自然，被领导炒鱿鱼就成为这种员工的最终下场。

做任何事情，都应以“追求结果”为导向，而不要把目光局限在“完成任务”上。完成任务和创造结果，是两个根本截然不同的概念。所以，执行的好坏就要在结果中衡量。结果不符合标准，就等于没执行，就是执行不力。

中国有句古话：人无信不立。言出必行，行必有果。这是一个人做人的信用原则，更是一个人做事的原则。在企业中，如果你想让自己工作高效、职位稳定、回报丰厚、上升通道是打开的，就要让自己做到最好。

在工作中，每个人都应严格要求自己，把工作做到最好，对自己的每一项工作都尽心地投入，要完成100%，而绝不只做到99%。当你具备了这样的思想时，就说明你已经具备了高效能的人才特质。

因此，当你做到不仅让自己满意，更能让领导、客户满意的时候，你就是真正的最好的执行者了。

思考

一旦接手某项任务，你会下定决心坚持到底吗？你觉得老板是欣赏苦干的员工，还是喜欢“讨巧”的员工？

你如何在做事上比其他人都有效率？理想中的自己应该具备哪些执行素质？

第14章

高效执行，坚持精益求精的态度

在职场中，发展最快、成就最高的人，往往是执行做得最出色的人。因此，他们也往往能获得最大的器重和发展。

工作中常有这样一些人，总是不能把事情做得尽善尽美，只用“足够了”、“差不多了”来搪塞了事。由于他们没有把根基打牢，所以过不了多久他们的工作便会像一所不牢固的房屋一样倒塌。

做任何工作都应该精益求精，以精益求精的精神去做事，才能使能力迅速提高，学识日渐充实，并逐步胜任其他更重要的工作。当一个人有了“精”的理念，就会有“精”的追求、“精”的目标、“精”的行动，就一定会出成果、出精品，脱颖而出，成为出类拔萃的人才。

功夫不负有心人,用心才能做到最好

中国有句名言:“世上无难事,只怕有心人。”在这个世界上,没有我们做不到的事,再难做的事情遇到了有心人,也会变成易事。所谓难事怕有心人,有心人不怕难事,就是这个道理。

曾经看过一个寓言故事:

一个隐士计划在大河上搭建一座桥,方便人们通行。他请所有的动物来帮忙。

大象用它有力的鼻子把巨石推进河里,犀牛把沙土顶到河中,猩猩把木头拉到河里,所有的动物都乐意为造桥贡献自己的力量。

小松鼠在一旁看着大工程进行,觉得自己实在太小,没有办法和它们一起工作。后来它想出一个好办法:在尘土中翻滚,让全身沾满泥土,然后快速跑向河边,把身上的泥土抖进水中。松鼠一次又一次重复着这种做法。

这一切隐士都看见了,就夸奖它说:“只要有心,即使一只小小的松鼠也能有所成就!”

遇到困难总觉得没有办法,这只说明我们在已知范围内的方法已经用尽,而只要我们能不断地去尝试新的事物、新的机会、新的方法,不断地去突破自我、改变自我,一切就皆有可能,有办法。

为了发展海尔集团整体卫浴产业,1997 年 8 月,33 岁的魏小娥被派往日本,学习世界先进的整体卫生间生产技术。在学习期间,魏小娥注意到,日本人试模期的废品率一般在 30% ~60%,设备调试正常后,废品率为 2% 。

“为什么不把合格率提高到 100% 呢?”魏小娥问日本的技术人员。

“100%? 你觉得可能吗?”日本人反问。

从对话中,魏小娥意识到,不是日本人能力不行,而是思想上的桎梏使他们停滞于2%。作为一个海尔人,海尔和魏小娥的标准是100%。在她的心目中,没有做不好的工作,只有做不好工作的人。此后,她充分利用每一分每一秒的时间拼命学习,几个月后,带着先进的技术知识和赶超日本人的信念回到了海尔。

时隔半年,日本模具专家宫川先生来华访问见到了"徒弟"魏小娥,她此时已是海尔集团卫浴分厂的厂长。在参观海尔生产线时,面对一尘不染的生产现场、操作熟练的员工和100%合格的产品,宫川先生一脸惊愕,反过来向徒弟请教其中的奥秘。

"用心。"魏小娥简单的回答又让宫川先生大吃一惊。用心,看似简单,其实很不简单。

原来,从日本学习归国之后,魏小娥将主要精力放在抓卫浴分厂的模具质量上。无论任何时候,魏小娥都从未放松过对模具质量的严格要求。一次,在试模的前一天,魏小娥在原料中发现了一根头发,这无疑是操作工人在工作时无意间落入的。然而,魏小娥立即意识到,这根头发万一混进原料中,就会出现废品。魏小娥马上给操作工统一制作了白衣、白帽,并要求大家统一剪短发。就这样,一个可能出现2%废品的因素被消灭在了萌芽之中。

就这样,在魏小娥的努力下,2%的责任得到了100%的落实,2%的可能被一一杜绝。终于,100%这个被日本人认为是不可能的产品合格率,魏小娥做到了。魏小娥用自己的努力证明:只要用心负责去做,就没有做不好的事情。

在工作中,如果我们能够像魏小娥那样用心认真,也一定能成为第二个"魏小娥"。只要用心去做,我们也可以做得更好!

用心做事,就是用负责、务实的精神,去做好一天中的每一件事;用心做事,就是不放过工作中的每一个细节,并能主动地看透细节背后可能潜在的问题;用心做事,就是要让自己比过去做得更好,比别人做得更好。

任何工作都要保证它的质量,否则,你的所有付出就没有任何意义。

而保证工作质量的关键，就是工作时要认真和用心，要一丝不苟，不能有丝毫的马虎和凑合心理，否则，敷衍了事的工作态度不仅仅是对公司不负责任，也是对你自己本身不负责任。

只有严谨，才能走得稳；只有走得稳，才能走得更远。否则，把时间都花在摔跤上，一路上总是在摸爬滚打，这还能走得更快、走得更远吗？

思考

同样一件事情，不同的人去做，效果却截然不同。为什么会出现这种情况？是人与人之间能力的区别吗？你认为应该如何改善这种情况？

你如何认识认真在行动中的意义？如何才能做到“见微知著”，从而“追根溯源”？

没有高标准就没有高动力，调高标准才能挖掘潜能

一流的工作，需要一流的执行力；一流的执行力，就需要一流的高素质员工。

一些人总是对自己要求较低，或是对自己根本不严格要求，一旦有了一些收获，便产生惰性，从此止步不前，这势必影响到自己的进步。而失败的根源之一，就是纵容轻率。

人类历史上，就充满了由于疏忽、畏难、敷衍、偷懒、轻率而造成的可怕惨剧。

1986年1月28日，美国的“挑战者号”航天飞机刚升空就发生了爆炸，包括两名女宇航员在内的七名宇航员在这次事故中罹难。

调查的结果显示，事故正是因一个“O”型封环在低温下失效所致。失效的封环使炽热的气体点燃了外部燃料罐中的燃料。尽管在发射前夕有些工程师警告不要在冷天发射，但是由于发射已被推迟了五次，警告未能引起重视。

这次事件是人类航天史上最严重的一次载人航天事故，一些人对技术人员的建议敷衍了事，结果造成直接经济损失12亿美元，并使航天飞机停飞近三年。

失败的最大祸根是养成了敷衍了事的习惯，而成功的最好方法是把任何事情都做得精益求精、尽善尽美，让自己经手的每一件事都贴上“卓越”的标签。就像一位哲学家说的那样：“不论你手边有何工作，都要用心去做。这样，你每天才会取得一定的进步。”

在日本，一个年轻女郎来到一家著名的酒店当服务员。这是她涉世之初的第一份工作，她将在这里正式步入社会，迈出她人生关键的第一步。

谁知在受训期间，上司竟然安排她去洗马桶，而且对工作质量要求得骇人——每天必须把马桶擦得光洁如新才算合格。第一天拿着抹布伸向马桶时，她几乎想吐。可想而知，在这段日子里，她的感觉是多么地糟糕。

为此，她心灰意冷，面临着人生第一步应该怎样走下去的选择，是继续干下去，还是另谋职业？

在此关键时刻，同单位一位前辈及时出现在她的面前，亲自洗马桶给她看。首先，她一遍遍地洗着马桶，直到洗得光洁如新；然后，她从马桶里盛了一杯水，一饮而尽！丝毫没有勉强。

前辈的举动使她大吃一惊。她发现自己在工作态度方面出了问题，于是痛下决心：“就算一辈子洗马桶，也要做一名洗马桶最出色的人！”

从此，她脱胎换骨成为一个全新的人，她的工作质量达到了无可挑剔的高水准。为了检验自己的自信心，为了证实自己的工作质量，也为了强化自己的敬业心，她多次喝过冲厕水。从此，她很漂亮地迈好了人生的第一步；从此，她开始了她不断走向成功的人生之旅。

多年过去了，这个当年洗马桶的日本女郎，成了日本政府的重要官员——邮政大臣。她的名字叫野田圣子。

对于很多工作来说，只要我们将自己的工作标准定得高一点，完全可以做得更好。如果我们能像野田圣子一样，用做得最好的最高标准来主

动要求自己，那么我们也会成为最好的执行者。

张水华是我国著名的电影导演。他在拍摄由鲁迅的小说改编的电影《伤逝》时，正是物资严重缺乏时期，厂里限制每个摄制组的耗片比为1∶3，但因为张水华是德高望重的老前辈，所以唯独对他例外，耗片比可以达到1∶6。

一天，张水华像一个做错事的孩子一样，跑到北影厂的领导那里说："胶片多少钱一本？上次有几个镜头没拍好，我想用我的工资再买几本胶片。"原来，《伤逝》拍完之后，有几个镜头尽管拍了多次，但张水华还是觉得不满意，还想重拍。

其实，他已经是电影界的泰斗，就算不重拍那几个镜头，也没有人会提出质疑。但对自己要求非常高的他，却不肯放过任何细节，而这样做的目的不是为名也不是为利，只为拍出心中完美无瑕的影片。也正是这样的高标准，才造就了他电影界泰斗的名声和地位。

再看看有些导演，拍摄的影片中"穿帮"镜头经常可见，明明是古装片，可空中却可以看到飞机掠过的身影。这些导演的影片中之所以会出现这么低级的错误，一个重要原因就是，没有调高自己的标准。

你是否有过这样的困惑：同样的事业岗位，同样的智商能力，同样的起点背景，不同的人却做出不同的成绩，甚至有天壤之别。原因何在？其实，这就在于你为自己定的标准有多高。标准越高，对自己要求也就越严，遇到任何可能出现的困境，都会全力以赴做得更完美，自然，效率也会是显而易见的。

无论做什么工作，只有调高自己的标准，才能锻炼你的大脑，才能把你最大的智慧挖掘出来，进而，才能取得最大的成功，做事才会更加有成效。

思考

你通常如何解决自己不按标准执行的问题？觉得自己在工作中有过浪费资源的行为吗？

你是否遇到过个人利益与公司利益发生冲突的时候，是怎样处理的？

你对公司的看法如何？是引以为豪，基本满意，还是不满意？为什么？

交成品而非半成品，自己满意了再把成果拿出来

什么叫执行力？用一句简单的话来概括就是，保质保量地完成自己工作和任务的能力。在上司提出工作的任务和要求后，能保质保量地完成它，就叫有执行力。

作为管理者，在日常工作中经常会验收下属的工作成果，在这个时候，大多数领导的做法不是立即接受他们的成果，而是会首先问一句："请问，你自己对此已经足够满意了吗？"假如得到的回答是非常肯定的，那么领导就会把成果接受下来；否则，就会请他们拿回去继续修改、完善。

领导的时间很宝贵，且领导精力有限。也就是说，领导不会接受一份连下属自己都不满意的所谓的"成果"，因为领导希望得到的是"成品"而非"半成品"。如果下属提交上来的都是"半成品"，存在很多的问题和不足，连他们自己都无法满意的话，那么，领导将会非常尴尬，因为这将耗用自己很多的时间和精力，甚至难逃返工的结果。

然而，令人遗憾的是，在工作过程中很多管理者会遭遇下面的状况，例如："这是什么呀，让人看不懂，马上拿回去重新修改！""这个方案漏洞百出，稍微动动脑子就不会这样，重做！""我希望看到些新的东西，有创意的文案，而不是这种简单的照抄照搬！""你做的这个东西，我很不满意，纯粹是糊弄差事儿！"……

不要把一件"半成品"提交给自己的上司，不要把一件自己都不满意的成果提交给上司。对于自己提交的工作成果，暂且不论上司是否认可，是否满意，首先要追问自己是否满意。

在中国，人们羡美味而"拼死吃河豚"的事例屡屡发生，但同样是吃河豚，在日本却鲜有因此而中毒、死亡的事情发生。问题出在哪呢？

在日本,河豚加工程序是十分严格的,一名上岗的河豚厨师至少要接受两年的严格培训,考试合格以后才能领取执照,开张营业。在实际操作中,每条河豚的加工去毒需要经过30道工序,一个熟练厨师也要花20分钟才能完成。但在中国,加工河豚就跟做其他海鲜一样,加工过程随随便便,烹饪过程也没有经过太多的工序,其后果可想而知。

加工河豚为什么需要30道工序而不是29道?我们不得而知,我们知道的是,日本很少有人因吃河豚而中毒,原因在工序上。经过30道加工工序后,河豚肉不仅味道鲜美,而且卫生无毒害;而粗糙对待工序只会导致严重的后果。

提交一份首先令自己满意的成果,是下属的基本职责。下属对自己的成果不满意,本身就说明还有修改和完善的必要,有待提升和优化。所以,要提交一份满意的"成品",就要发挥最强脑力和智慧,调动周边的各种资源,把整体思路和流程整理清晰,每个环节、细节都考虑明白,这才能获得最佳的工作成果。

把自己满意的成果提交给上司,并不是一个过高的要求,甚至可以说是一个很低的要求。如果你总认为"反正还要修改",甚至是直接想敷衍一下,糊弄一下,能混就混过去,如此工作态度下形成的工作成果怎样,就可想而知了。

要做好执行,每个人都要用搞艺术的态度来开展工作,要把自己所做的工作看成一件艺术品,对它精雕细刻。只有这样,你的工作才是一件优秀的艺术品,才能经得起人们细心地观赏和品味,才能说明你的执行力强。

抱有追求最佳工作态度的人,即便可能由于经验、能力和技巧等方面的不足,结果总会存在些问题,但是毋庸置疑,这种态度是能够被看到的。那种总是敷衍了事、想草草结束蒙混过关的人,虽然会给领导呈上自己的工作成果,却也会给领导留下不负责的印象。

追求最佳的工作成果,首先是要自己满意,连自己都不满意的"半成品",上司更不会认可。只有自己确认满意了才提交给上司,呈现出一件精美的“艺术品”,才是最佳的执行表现。

思考

你喜欢别人把自己看成是个身负重任的人吗?你怎么理解这种素质?

你如何看待执行过程中的小事?你认为这些小事是如何妨碍执行的?

注重结果也要注重过程,圆满是执行到位的最高境界

要做好执行不能只注重表面结果,也要注重细微、注重现实,即对每一个细节进行探究和较真,这样才能达到完美的执行、圆满的执行。

结果对任务有着重要的意义,但结果是怎么产生的?不注重过程能达到理想的结果吗?显然不会。结果不是凭空产生的,不是异想天开就能想出来的,而是经过长期努力创造出来的。所以,要想得到预期的结果,就要既注重结果,也注重过程,这才是执行的最高境界。

执行到位有三个层次或者说三个境界:第一,最差的执行境界:总是完不成任务,还经常怨气冲天;第二,平凡的执行境界:尽可能完成任务,但只满足于“过得去就行了”;第三,最好的执行境界:不做则已,一做就要做到最好,把事情做得圆圆满满。

对于执行的这三个境界来说,前两个层次是执行到位的较低境界,它们只是满足了企业领导层单方面的要求和目标,为企业创造了利润和价值,或者创造性地完成了任务。但对于企业的客户来说,这样的结果算不算理想就不得而知了。因此,从长远来看,这样的结果势必会给自己和单位造成负面影响,破坏自己和企业的形象,得不偿失。

譬如,某房地产公司领导层要求今年的销售总额比去年提升20%。员工为了实现这一目标,想尽一切办法促销产品,甚至采取不正当的竞争

手段，结果虽然完成了任务，达到了领导层的要求，但是，执行的结果却为公司带来了一大堆麻烦。在推销期间，售楼部的业务员向客户介绍说小区附近有医院、幼儿园，交通方便……其实，这些完全不符合实情，最终导致业主怨声载道，使得房地产公司的信誉受损，其他购房者在听到业主的负面评价之后，也不愿意再从这里购买住房了。所以，这种只注重短期利益的执行结果，带来的只能是连锁的负面效应，受害的最终还是公司。

而执行的第三种层次或境界——不做则已，一做就要做到最好，把事情做得圆圆满满——讲的就是，执行的结果不仅对企业有利，还实现企业与客户的双赢，把事情做得没有任何缺陷和漏洞，既达到领导所要的结果，也达到客户的要求。这样，在此基础上才会产生品牌效应，为企业带来额外效益。

在北京，有一家位于市中心的普普通通的酒店，企业领导对基层服务人员下达了这样的要求，就是不仅要为酒店创造效益，还要为旅客提供圆满的服务，把酒店的服务品质传播开去。为了实现这样的结果，酒店的服务人员在平时的工作中，用自己的真诚和努力感动着每一位顾客。

有一次，一位外国游客第一次来北京办事，住进了这家酒店，由于对北京路线不熟悉，就对酒店的一位服务员说："我想明天去某某地办事，你能帮忙给我买一张地图吗？"

服务员用英语微笑着说："没问题，您等一会，我马上拿给您。"

不一会儿，服务员就给外国客人拿来了地图。但这位服务员并没有马上离开，而是热情地对客人说："北京的交通线路比较复杂，您方便告诉我您要去的地点吗？我可以指给您最方便的乘车路线。"

客人一听，心里很是高兴，就把要去的地点告诉给了服务员。服务员打开地图，先指给客人现在的位置和要去的位置，并告诉他几条可以选择的公交路线，对每条路线的路况进行一一分析，最后建议他选择路程较长的乘车路线。因为较短的路线并不省时，容易堵车，而较长的路线虽然有些偏僻，但是车辆较少，红绿灯也少，要比较短的乘车路线省半个多小时。

第二天，这位客人按照服务员的建议，很快到达了办事地点。办完事后，他有意选择从较短的路线返回，果然像服务员说的那样堵了很长时间的车，心想幸亏当时没有选择走这条近路，否则非耽误事不可。

回到酒店，这位外国客人对酒店提供的贴心而周到的服务感到非常满意，从这以后，他每次来北京办事或者带领团队参加会议，都会毫不犹豫地选择这家酒店。

酒店处处注重服务的圆满，时时为客户着想，耐心细致地为客户解决问题，不仅为客人提供了超值的服务，而且在客户心中树立了很好的品牌形象，为自己创造了超额的价值回报。这就是执行圆满所创造的效果和奇迹。

因此，要做好执行，就要凡事做到更准确、更专注、更完美，唯有结果与过程都圆满，执行才是“最好的”。

思考

你通常如何确保把任务执行得尽善尽美？你对任务的执行通常能达到何种效果？

你制订的行动方案是否能够获得他人的一致认可？他们提出了什么意见和建议？你觉得这些意见和建议对执行有何意义？

最有效的工作，是成本最小化，效益最大化

工作效率，一般是指工作的投入与产出之比。产出大于投入，就是正效率；产出小于投入，就是负效率。提高工作效率的目标，就是使正效率值不断增大。

最有效的工作，是成本最小化、效益最大化，这是精益求精的最大魅力。效率就是以较小的努力带来较大的回报，始终注意寻找节省公司费用的办法，将公司的资金当成自己的资金，这样就会成为高效率的员工。

博德鲁公司是美国一家行业信息和图书出版公司，总部位于康涅狄

格州格林威治镇。公司的一名运务员建议,公司在重印一种图书时,应当考虑适当缩减成品纸张的尺寸,这样在交付海运时,就可以将运费费率降低一个档次。

公司采纳了他的建议,结果仅仅在第一年度就节省了50万美元的运费!公司主席马丁·埃德斯顿感慨地说:"我在图书邮购业已经干了23年,却压根不知道还有个第四类邮件运费费率——但是,每天负责运送图书的人对这个再清楚不过了!"

作为直接执行任务的人,总是最有条件看清如何改进工作,如何能在工作流程中尽可能地节省费用。如果能圆满地做到高效执行,那么,他不仅会是公司中效率最高的人,同时也必定是最有价值的人。

在这个竞争日趋激烈的社会,钱不是那么好赚的。老板能撑起一个公司并不容易,其间的奋斗有多艰辛、多困苦,是超乎一般人想象的。除了提高产品的市场竞争力之外,有效地降低运营成本是很多企业竞相追逐的目标。因此,每一个老板都注重成本管理,同时希望自己的员工也节约成本。所以,在这种利润空间日趋逼仄的情况下,谁能为公司节约成本,谁就是富有效率的员工。

某在一家公司工作时,老板曾拍着他的肩膀说:"当你用尽各种方法来公司工作时,你就已经培养了像经理或老板一样的思考方式了。每一个称职的经理都知道,如果在大批量制造的过程中,每一件货物上都能省下一点小钱,就可以快速累积成一笔大钱。而每一个为公司想出省钱方法的人都会获得晋升,因为他们对公司的财富积累作出了非常巨大的贡献。"当时他便恍然大悟,意识到任何一家公司老板都喜欢节约的员工。

作为一个员工,要想得到老板的赏识,一定要将公司的资产视为自己的资产。这是一个优秀员工必备的品德。也许只是举手之劳,但千万不要小看了它,它不仅可以反映一个人的修养,更能使员工获得领导的好感,并最终取得非凡的成就。

一位青年在美国某石油公司工作,他所做的工作就是巡视并确认石油罐盖有没有自动焊接好。石油罐在输送带上移动至旋转台上,焊接剂便自动滴下，沿着盖子回转一周，这种焊接技术耗费的焊接剂很多，公司一直想改造，但由于太困难，试过几次就算了。而这位青年并不认为真找不到改进的办法，他每天观察罐子的旋转，思考改进的办法。

经过观察，他发现每次焊接剂滴落 39 滴，焊接工作便结束了。他突然想到："如果能将焊接剂减少一两滴，是不是能节省点成本？"于是，经过一番研究，他终于研制出 38 滴型焊接机。这次改造非常成功，公司对他的评价很高，不久便生产出这种机器，改用新的焊接方法。

也许你会说：节省一滴焊接剂有什么了不起？但"一滴"却给公司带来了每年 5 亿美元的新利润。这位青年，就是后来掌握全美制油业 95% 实权的石油大王——约翰·戴维森·洛克菲勒。

对老板而言，如果你能在相同的时间里比其他员工办事多，而且还办得好，这就意味着你在为老板节约成本，同时也说明你的能力更强、效率更高。这样的员工当然就能得到提拔，从其他员工中脱颖而出。

每一个组织都希望鱼与熊掌能够兼得，在办成更多事的同时节省更多的钱。如果处处留心，寻找节省费用的良策，你就会成为一个对老板更有价值的员工。

思考

在解决问题的过程中你是如何避免带来更大损失的？是否有过牺牲个人的某些权利而使问题快速解决？

你觉得执行中哪些事可以做到用最小的成本换取最大的成效？你是否能时常做到一举两得地解决问题？

大而全不如小而精，简单便于实行

人的精力是有限的，不可能面面俱到。所以，高效执行的关键之一，就在于简单化。

做事就是智慧的一种运用。面对纷繁复杂的问题，做事的思维和方法应该从简切入，以简驭繁，化繁为简，避免陷入繁中添乱、漫无头绪的窘境。做事的全部奥秘就在于越简单越好。简单的东西，往往是最有力量的。

在做任何事情前，首先要做的就是判断有没有必要做，以及能否与其他事情合并做。如果要做，就用最简单的办法做，时刻想着要达成的结果做，这样才最有效。

在某地，有一家生产味精的工厂，销售量一直徘徊不前。于是，工厂向社会各界人士征求创意，以便在不增加投资规模的前提下能够大幅度地增加销售量。后来，一位普通的家庭妇女提了一条建议，厂方采纳了，不费吹灰之力便使产品的销售量增加了四分之一。那位妇女的建议是：请在味精瓶的内盖上多加一个孔。

原来，这个厂生产的味精是装在一个小瓶子里出售的，瓶子的内盖上有四个孔，顾客使用时只需打开外盖，对着汤盆或菜锅猛甩几下，瓶里的味精便通过四个小孔掉进食物里。一般顾客放味精并没有精确的度量，只是大致甩三四下，四个孔时那样甩，五个孔时还是那样甩，结果就在不知不觉中多甩出了25%！把每位顾客的25%加起来，就是一个可观的数字了。

况且，在味精瓶内盖上多加一个孔，只不过是更换一个模具而已，根本不需要增加投资、引进技术。

在这个充满着纷扰、复杂、多变的世界中，无论是我们的价值观还是我们的制度，无论是我们的标准还是我们的目标，都应该尽量保持简明扼要，因为，只有当我们化繁为简的时候，我们才能把有限的力量凝聚起来，我们的激光束才会让整个团队安全地到达目的地。

记得美国太空署曾遇到过一个难题：怎样设计出一种笔，使它能够帮助宇航员在失重的情况下，方便地握在手里，书写起来流利，且不用经常灌墨水。在绞尽脑汁都想不出解决问题的方法后，太空署只好求助于社会公众。最后，最有效的方法来自一位小女孩，她的建议是："试一试铅笔吧,如何?"问题就如此简单地解决了。

爱迪生在发明白炽灯时,想知道灯泡的容量,但由于手上工作太多,便让他的助手帮他量一下一个没有上灯口的玻璃灯泡的容量。过了很长时间,爱迪生已经把自己手上的工作都做完了,助手还没有把灯泡容量的数据送过来。于是,他便来到助手的实验室。

进门后,爱迪生看见助手正在桌子旁边忙碌地演算着,桌上堆满了很多演算用的稿纸。爱迪生便问他在干什么。助手回答:"我刚才用软尺测量了灯泡的周长、斜度,现在正用复杂的公式计算呢。"爱迪生笑了笑,然后对助手说:"你可以用简单的方法。"说着,便向灯泡里注满了水,然后交给助手:"你把灯泡里面的水倒在量杯里,这样就可以知道灯泡的容量了。"

如果说四两拨千斤是中国功夫最高境界的话,那么,化繁为简就是实践的最高境界。一旦你拥有化繁为简的智慧,自然就会进入一个自己都意想不到的广阔天地。

但遗憾的是,很多人不知道这样一个事实:问题总可以用更简单的方法去解决,无论这是个多么复杂的问题。人们最常见的习惯是,一看见重要的事情,往往会用复杂的方法去解决。结果,事情越做越复杂,最后变得更加困难。

在面对问题时,什么都去做往往意味着什么都做不好,将精力专注于解决某一部分的实际问题反而更容易成功。所以,一定记住"大不如小,全不如精",这是高效工作的方法。

思考

你是否认为不必要在一些小事上浪费无谓的时间?你怎么看待那些总是关注小事的人?你会认为他们的行为是一种没有出息的表现吗?

你身边有因注重细节而成功的人吗?如果有,你认为他成功的最大原因是什么?你应该如何向他学习?

第15章

高效执行，全力以赴没借口

事情在于谋划，不谋不立。有条件要上，没有条件创造条件也要上。客观环境不利于我们，我们就应该发挥主观能动性改变它，创造有利于我们的条件。

低效者与高效者的区别往往在于对客观环境的态度上，低效者总认为巧妇难为无米之炊，没有“米”就无法有所作为。高效者却不这么认为，他们认为能为无米之炊的才叫巧妇。千方百计地创造条件、改善自己的处境才是唯一的出路。

没有穷尽一切可能性，就没有资格放弃

执行有时会进入“山穷水尽”的地步：方法想遍了、用尽了，但事情的进展还是不尽如人意。

这样一来，就会面临“瓶颈”，选择放弃还是继续？

但很多时候，所谓的“瓶颈”，其实只是想象中的，只要还没有穷尽一切可能性，就不应该放弃。

下面我们就来看看火箭专家、中国工程院院士、时任中国载人航天工程总设计师王永志是怎么做的：

1964年，王永志还是一个普通的青年工程师。

当时，钱学森带领大家设计的一枚火箭在进入即将发射的阶段时，突然出现了一个事先谁也没有预料到的情况：由于正是夏天，天气非常炎热，火箭推进剂在高温下剧烈膨胀，这样一来，此处酌的贮箱内灌不进足够的燃料，这将严重影响火箭的射程。

有关专家马上召开会议，研究解决方法，但始终没有找到合适的解决方案。就在这时，王永志提出，可以采用“适量泄出推进剂”的方法。方案刚一提出，大家都连连摇头，本来因为高温膨胀，加进去的推进剂就不够，现在还要减少，那不更影响射程吗？王永志则坚持，采用这样的方法，会减少弹体的重量，这样射程就会更远。

总工程师坚决否定了这个方案，认为这是拿国家财产去冒险。对此，王志永并没有放弃，而是直接找到了钱学森院长。听完他的设想之后，钱学森沉思了片刻，认为从理论上讲，这个方案是有道理的、可行的，并支持他按照这种方法去做。

事实证明，王永志是对的，第二天，按照他的方案导弹发射成功了！

遇到同样的情况，可能很多人会放弃。首先，自己只是一个普通的年轻工程师,又不是什么权威,另外,自己的方案都已经被总工程师否定了,那肯定是不行,何况,这样做要冒很大的风险,万一发射不成功,损失的可是国家财产。

这样看来,似乎有足够的理由放弃,不去争取。但不试过、不做努力,怎么就知道不行?何况,这样的方案并不是拍脑袋出来的,而是有切实可行的理论依据。

拿破仑曾说:“最困难的时候,也就是离成功不远的时候。”最好的往往就在最后,在穷尽一切可能性之前,不坚持到最后一秒,就绝不能放弃执行。

在北京长城饭店曾发生过这样一件小事:

一天,两位来自美国的顾客在长城饭店大厅里焦急又大声地向陪同导游发火。这位陪同导游还是实习生,遇到这样棘手的事,他有些不知所措,于是赶紧向前台服务员小范求助。

小范赶紧向两位客人问明情况。原来这两位客人是姐妹,结伴来中国旅游,出了首都机场到长城饭店后,才发现挎在妹妹身上的腰包不见了。

腰包里有两人的护照、几张信用卡、订房证明、现金、车本及钥匙等东西,如果找不到,两人的旅游将无法继续,而且损失很大。

小范一边安慰客人,一边详细询问了腰包的颜色、大小等。看到姐妹俩很疲惫,小范破例先开了一间客房让两人进去休息,并让服务员送去了饮料。这些举动让姐妹俩很是感激。

然后,小范根据客人乘车的收据,拨通了出租车公司的电话,经对方查找,没有发现腰包。

小范想,腰包说不定丢在机场了。于是他赶紧和机场有关部门联系,但找了一圈,仍然没有找到。

最有可能的两个地方都问过了,但都没有,看样子腰包是不可能找到了。但小范并没有就此停止寻找,而是一遍遍回忆客人提供的线索。

突然他想起客人曾经抱怨出机场的时候,大门口的人又多又挤,于是

眼睛一亮：腰包的扣环很有可能在这时候被挤掉。

于是，他拨通了长城饭店设在机场大厅接待台的电话。很快，那边就传来消息，腰包已被工作人员捡到交上来了。就这样，腰包失而复得了。

对有些人来说，在几次询问没有结果后，或许就放弃寻找了。毕竟该打的电话都打了，能想到的地方都想到了，客人的包即使找不到也不是自己的错。

但一流的员工会像小范一样，即使表面看起来似乎所有的可能性都否定了，却仍不放弃，不放过任何一个环节，想到另外的可能性。

所以，当执行遇到“瓶颈”，似乎难有突破，甚至执行不下去想放弃的时候，不妨先问问自己：是否真的已经穷尽了所有可能性？还有没有其他的可能？很多时候，最好的机会往往就在穷尽一切可能性中产生。

这样一来，或许就有意想不到的结果出现，把原本的不可能变为可能。

思考

你认为执行者在行动中应有怎样的决心和勇气？如何才能在行动中避免白白失去机会？

计划制订后，你是否能够严格按照计划行事？在行动失败后，你通常会怎样？是内心笼罩上失败的阴影，还是失败再多也不气馁？

不要说“我办不到”，世间的事就怕“认真”二字

毛泽东说过：“世界上怕就怕‘认真’二字。”任何一项工作，无论它多么艰难，只要你认真对待，就能够取得成功。

工作是一个人的基本权利，有没有权利在这个世界上生存，看我们能不能认真地对待工作。公司给我们工作，实际上是给我们生存的机会，我们只有认真对待这个机会，才对得起公司给予的待遇，才能获得更好的

发展。

在意大利赛马界，佩罗·库兹是一位极具声望的人物。但你能相信吗？他既不是叱咤商场的实业家，也不是驰骋赛场的赛马手，而是一位钉马掌的老铁匠。

熟悉赛马运动的朋友都知道，一匹赛马要想跑得快，一个舒适的马掌是必不可少的。而这正是佩罗的绝活儿：经他的手钉出的马掌，可以让赛马保持最佳的状态，跑出最快的速度。

每次在钉马掌之前，佩罗总是用数天时间看马的走姿。甚至在吃饭睡觉的时候，他脑子里还在想着钉马掌的事。当然，佩罗每次都能根据马蹄的不同特点巧妙地给它们钉上最适合的马掌。

"我给它们钉了一辈子的掌，这就是我的工作，也是我最关心的事，从我看到一匹马的那一刻起，我就在想该怎样才能给它钉上最合适的马掌。"佩罗不善言辞，这是他说得最多的一句话。

从八岁开始跟师傅干，佩罗已经钉了大半辈子马掌。为此，他在业界赢得了极高的声誉。虽然如今的他年事已高，但慕名而来找他钉马掌的赛马手依然络绎不绝。几乎每天早上，都有人在他家门外排队等候。

小小的马掌，让一个老铁匠声名远播。因为他在这个行当里干了大半辈子，太熟悉这个行业了。

反观许多人，年轻时尽管志向颇为高远、才华堪称一流，但总是不停地从一个行业跳到另一个行业，工作换得像走马灯一样。因为缺乏一种从一而终的专注、一种心无旁骛的认真劲儿，他们最终只能以默默无闻、一事无成收场。

事实上，即使没有太高的智力，只要我们能够认认真真、踏踏实实地在一个行业干上若干年，仅凭积攒的经验，也可以在这个行业内称得上是专家级的人物。

认真的人是真实的，以认真为信仰，认真做事，认真做人，人生就会因此而充实。如果在工作中胡乱应付，不认真严格要求自己，只求简单完成任务，不管工作质量，就是浪费工作资源。只有认真对待工作，才对得起

公司给予的待遇，才能获得更好的发展。

在热播电视剧《士兵突击》里，许三多备受公众青睐。许三多之所以能够由一个执拗木讷的士兵，成长为一个威风八面的兵王，靠的不是他的智力好，也不是他的关系好，而是他身上那种特有的简单、专注与执著。

许三多不止一次地说："要好好活，好好活就是做有意义的事，有意义的事就是好好活。好好活就是做很多很多有意义的事。"

每做一件事，许三多都是那样地认真："被褥要求：整整齐齐，平四方，侧八角。苍蝇飞上去劈叉，蚊子飞上去打滑！"正是凭着这种近乎痴迷的认真，许三多一步步走了过来。用连长高诚的话就是："他做的每件小事就好像抓住一根救命稻草一样，到最后你才发现，他抱住的已经是参天大树了。"

在当今职场上，许多人换工作、换行业的速度之快令人眼花缭乱。在许多人眼里，工作充其量只是一个临时的饭碗、一个起跳的跳板，并不值得自己投入太多。这正是他们无论走到哪里，都心不在焉、干得一般的根本原因。

任何一种行当，我们要想做得成功，都需要认真地投入。无论是制造一粒纽扣还是一架飞机，一件事情只要我们去做，就一定要认真地把它做好。只要把它做精、做透、做到最好，效率和成功就会接踵而来。

所以，不管从事什么职业，处在什么位置，我们都要静下心来，认真做事，精益求精。只有这样，我们才能保证最佳的工作质量，才能成为首屈一指的行家里手。

思考

你如何理解勇气对于执行成功的意义？你认为自己如何才能获得勇气和自信？

当面对难题无法解决时，你通常如何认识？对于一项任务，你是将眼光定位于"办不到"还是"一定要办到"呢？

像老板一样工作，把工作当做自己的事

一个最好的执行者，不会把自己的事和单位的事分得那么清楚，而是把单位的事当成自己的事来做。

我们都知道，同样去买一样东西，如果是自己花钱买，很多人可能会非常用心地精打细算，不辞辛苦地货比三家，最后买的东西质量要好，价格还要便宜。但如果是给单位买东西，很多人可能首先想到的是方便和省事，至于质量是不是最好，价格是不是最便宜，那都无所谓，反正花的不是自己的钱。

蒋巧玲是著名化妆品品牌羽西的总经理，在她的成长过程中，有一件事让她印象特别深刻：

当时，她刚刚担任中国区的产品经理。因为国内销售的羽西产品都要从境外进口，为了让国内的消费者能够在第一时间体验到最新的产品，只要新产品一推出，她总第一时间订货。

但事实上，因为需要办理各种相关进口手续，加上翻译说明书所需要的时间，往往新产品在国内面市的时间要比境外晚6～9个月。

这样一来，货是订了，但因为相关的手续没有办齐，产品没法发货，只能积压在境外的仓库里，而有关物流、关税等费用在订货时必须付清，所以，公司不少钱都压在里面，没有产生任何效益。

为此，蒋巧玲的上司把她叫过去，狠狠地批评了一通，并且毫不留情地质问她：如果你用的是自己的钱，你会这么早就订货吗？会让产品积压在境外而产生不了任何效益吗？

蒋巧玲一听，不禁羞愧地低下了头，低声说：如果是自己的钱，一定会慎重！

从那以后，她改变了以往的订货方式，直到办好一切手续后，再下

订单。

这件事对蒋巧玲的影响很大,从那以后,不管做任何事,她总会想起上司的话:如果这是你自己的事,你会怎么做?这让她对每一件事不敢有任何马虎,总是想好了再去做。正是因为有了这样的心态,她越来越受到重用,最终成为羽西的总经理。

生活中最悲惨的事情莫过于看到这样的情形:一些雄心勃勃的人满怀希望地出发,却在半路上停了下来,满足于现有的温饱和生活状态,然后漫无目的地走着以后的路。满足于平庸生活的人是多么可悲呀!他对于人生中最伟大、最美好的东西竟然毫无兴趣!当你满足于现有的生活和工作,满足于现有的思想和梦想,满足于现有的性格和理想时,你已经开始退化了。

对于一个满足现状的人来说,他没有任何更好的想法、更美的愿望。因为他不知道,是不断的追求造就了人类伟大的精英。而只有进取心才会促使我们改变现状,只有不满足的激情才会激励我们去追求完美。这也是人类不断进步的奥秘。

对于执行者来说,时刻在心中存有"我就是老板"的精神意识是非常必要的,如果我们都能把企业视为自己的家,把企业的事当成自己的事来办,全身心地为企业奉献自己的忠诚,我们就会时时考虑:我怎么才能做得更好?哪里还需要改进?如何才能达到最好的效果?怎样才能用最小的投入获得最大的效益?

同一件事,所站的角度不同,结果就会大不一样。是做打工者,还是做企业的主人,从本质来讲并无太大区别,其所不同的就是对工作的态度。然而就是仅仅这一念之差,造就了有的人成功,有的人失败;有的人高效,有的人低效。所以,要从态度和行动上提高执行能力,就必须具有对工作的热情,并以"老板"的心态来对待执行,把工作上的事当做自己的事来做。以此种态度去工作,我们一定会获益匪浅,会发现工作中永远充满了激情,身体里充斥着呼之欲出的干劲,收获的将会是更多机会和财富。

优秀的员工之所以比一般的员工拥有更持久的工作动力和工作热情，也比一般的员工更容易走向成功，其关键就在于他们对工作有着更深层次的认识。他们在工作中始终保持着一颗事业心，把工作上的事当成自己的事来做是他们优秀的内在原因。

我们必须明白，工作是我们生而被赋予的权利，是每个人的使命，是人与生俱来的一种责任，是我们天然的义务，是我们本来应该做的事情。一个人只有以尊重、虔诚的心灵对待职业，甚至对职业有一种敬畏的态度，他才具有敬业精神。如果他的心态没有上升到把工作的事当做自己的事这个境界，那么他的敬业精神就不彻底，就没有掌握其精髓。

可以说，把工作的事当做自己的事来做，是提升执行力最好的心理基础，因此，具有这种精神的人必定是执行中的高效者，是上级眼中的无价宝。

思考

当你把“打工心态”转变为“老板心态”，你有没有发生什么变化?

你认为执行者如何才能避免执行行动中的顾此失彼?

人都是被逼出来的，不“逼迫”怎能想出“妙招”

决心是成事的底线，要做成事光有想法是不够的，还必须拥有一定要成事的决心，配合确切的行动，支持到底，方能成功。

在工作中，经常听到有人说：“我尽力而为。”而当问题没解决的时候，他总会为自己辩解：“我已经尽力了。”其实，要想真正将一件事情做好，光尽力而为远远不够，还必须全力以赴，这样才能逼自己将智慧充分发挥出来。

有一个小故事是这样说：

猎人带着猎狗去打猎。猎人一枪击中了兔子的后腿，受伤的兔子拼

命地逃生,猎狗在后面穷追不舍。

可追了一阵子,兔子没了影,猎狗只好回到猎人身边。

猎人非常生气:"你真没用,连一只受伤的兔子都追不到!"

猎狗不服气地辩解道:"我已经尽力而为了!"

兔子带伤跑回家,兄弟们都很惊讶:"你怎么能跑过一只凶狠的猎狗呢?"

兔子说:"它尽力而为,而我是竭尽全力呀!它没追上我,最多只是挨顿骂,而我若不竭尽全力,可就没命了。"

故事中的猎狗和兔子就像现在职场中的两种人:一种人,对工作总是尽力而为,除非有特殊情况才会竭尽全力;一种人,无论什么事都全力以赴。而成功,往往只青睐后面那种人。

成功者与一般人最大的差别,就在他们会逼迫自己去成功,在"一定要成功"与"想要成功"之间,他们会选择"一定要成功"。就像古代作战,如果一座城池久攻不下,攻城的将军一般会下一道命令:城破后3天内士兵可以随意烧杀抢掠。结果士气大振,一天破城。所以,如果你希望自己的工作能够真正办成的话,就必须要树立"一定要成功"的信念,逼迫自己去成功。

美国著名作家西德尼·谢尔顿在他的《天使的愤怒》一书中写过这样一个精彩故事:

一天,刚刚出道的年轻女律师詹妮芙·帕克接手了这样一件案子——

一位名叫康妮的小姐被美国"全国汽车公司"制造的一辆卡车撞倒。司机踩了刹车,但卡车还是把康妮卷入车下,导致康妮被迫切除了四肢,骨盆也被碾碎。为此,康妮把汽车公司告上了法庭。

但是,康妮说不清是自己在冰上滑倒摔入车下,还是被卡车卷入车下。汽车公司的辩护律师马格雷先生是一个老资格的著名律师,他巧妙利用各种证据,推翻了当时几名目击者的证词,康妮因此败诉。

绝望的康妮向詹妮芙·帕克求援。詹妮芙通过调查发现,该汽车公司近5年来的15次车祸原因完全相同:其生产的汽车,制动系统有问题,急刹车时,车子后部会打转,把受害者卷入车底。掌握了这个证据后,詹妮芙和马格雷进行了交涉,希望汽车公司赔偿200万美元给康妮,否则将会提出上诉。

老奸巨猾的马格雷表面上同意了,但提出自己第二天要去伦敦,一个星期后才能回来,到时再研究一下做出适当安排。

然而,一个星期过去了,马格雷却并没有露面。

詹妮芙感觉不妙,当她目光扫到日历上,突然明白马格雷为什么要这么做:上诉时效已期满!

詹妮芙马上给马格雷打电话,而马格雷在电话中得意扬扬地放声大笑:“小姐,诉讼时效今天过期了,谁也不能告我了!”

詹妮芙马上问秘书准备好案卷要多少时间。

秘书的回答是三四个小时。而当时已经是下午一点,也就是说即使用最快的速度,交到法院时也来不及了。

怎么办?怎么办?难道就这样认输了?

绝不!

突然间,她脑海中灵光一闪:“‘全国汽车公司’在美国各地都有分公司,为什么不把起诉地点往西移呢?隔一个时区就差一个小时啊!位于太平洋上的夏威夷在西十区,与纽约时间差整整5个小时!对,就在夏威夷起诉!”

结果,詹妮芙利用这至关重要的几个小时,以雄辩的事实和催人泪下的语言,使大陪审团成员们大为感动,最终做出裁决:康妮胜诉,“全国汽车公司”赔偿康妮600万美元损失费!

“黄毛丫头”詹妮芙一举击败了老资格的大律师马格雷,名扬全美。

因为把自己逼到了“绝处”,反而让詹妮芙充分激发出自己的智慧,最终想出了“妙招”。

世上只有想不通的人,没有走不通的路。在工作中,我们往往会对那些时间紧、难度大、看起来不可能完成的任务心存畏惧,甚至产生逃避的

心理。然而，很多时候，智慧的“绝招”，往往是在这种最大的“逼迫”下产生的。

横越南极大陆的日本登山家西堀荣三郎在他中学时代，就采用了一种独特的锻炼精神集中的方法，那就是从二楼的教室跳下去。

当然，他不光是跳下而已，而是把握起跳的这一瞬间，思考许多事情。这样做的目的，就是训练他在瞬间集中精神，思考许多问题。因此，他借由从二楼跳下去的异常行为，使心情紧张，从而发挥出平常意想不到的专注力。就好像被猛兽追赶的原始人，由于心情紧张，发挥出平日意想不到的力量，变得像超人一样。

这样的训练是有效果的。有一天西堀攀登雪山时，没想到一脚踏空，人马上从斜坡滚了下来。就在这一瞬间，他冷静地判断种种情况，最后采取了最安稳的姿势跌落，保住了生命。他之所以能发挥出这种超人般的能力，多半归功于平日经常训练自己在瞬间集中精神思考。

正所谓：“情急生智。”在执行任务或做事的时候，学会逼迫自己，像詹妮芙一样使自己有“绝不”放弃的勇气和决心，逼出自己最大的智慧，这样就能让事情最终迎刃而解。

思考

你如何认识对行动产生阻碍的原因？你认为执行者在行动中应当持有什么样的做事态度？

每个人都有任务执行失败的经历，你是将失败当成阻力还是助力？面对任务时你是如何下定决心的？

简单动作反复做，练到极致即成绝招

把简单动作练到极致，就是要把日常的基本功练好，任何人做任何事情，只要掌握了基本功并坚持下来，把基本功练到极致，就能获得成功。

一个牧童到山上放牛，每天必须经过一条裂开的岩缝。开始的时候，由于牛太小，跨不过这条岩缝，牧童怕牛掉下岩缝摔死，所以便抱起牛跨过岩缝。这样的行为最后形成了习惯，每天牧童到这条岩缝前都会很自然地抱起牛，跨过岩缝，来回两次，天天如此。随着时间的推移，小牛渐渐长成了大牛，可是牧童没有改变自己的习惯，两次经过岩缝的时候，依然自然而然地抱起牛，跨过岩缝。牛在长大，牧童的力气也一天一天地增加，久而久之，牧童就成了一个可以轻易举起数百斤重物的大力士。

牧童抱牛的故事告诉我们一个简单的道理，那就是把简单的动作练到极致，把成为极致的东西转化为我们内在的生长基因，这就变成了我们生活的绝招。

世界上最难的事情是坚持。其实很多时候，单靠周全的思考、正确的决定还是不够的，更重要的是必须有长期的持守能力。对任务能否坚持下去，是衡量一个人执行成败的分水岭。

在犹太教典《塔木德》上，记载着这样一个故事：

有 3 只青蛙掉进了鲜奶桶中，第一只青蛙说："这是神的意志。"于是，它盘起后腿，一动不动，静静地等待。

第二只青蛙说："这桶太深，没有希望出去了。"于是，它在绝望中慢慢死去。

第三只青蛙说："尽管掉到鲜奶桶里，可我的后腿还能动。"于是它奋力向上跳。它一边在奶里划，一边跳，不知不觉中，它发现自己的大腿碰上了稍硬一点的东西，原来鲜奶在青蛙后腿的搅拌下，渐渐变成了奶油。凭借着奶油的支撑，第三只青蛙跳出了鲜奶桶。

第一只和第二只青蛙都是坐以待毙，而第三只青蛙凭着自己的努力，跳出了鲜奶桶。

有时候，能否做成一件事，不在于能力有多大，而在于能否把一件简单的事情始终如一地做下去。

在美国，有一个寿险业务员花 65 美元买了一辆脚踏车到处拉保险。然而不幸的是，他的成绩始终是一片空白。但是，他对此并没有放弃，而

是每天写信给白天访问过的客户，感谢他们接受自己的访问，并力请他们加入投保的行列，每一字每一句都写得非常诚恳感人。

可是，任凭他再怎么努力，再怎么勤奋，一直没有产生什么效果。就这样，两个月过去了，他连一个顾客也没有拉到，领导对他催得也愈来愈紧……因此，他每天总是拖着疲惫的身体不懈地工作着。

有一次，他来到一所当地的小学，想让校长动员学生全部投保。可校长对此毫无兴趣，一次一次地将他拒之于门外。但他还是不懈地去说服校长，就在他第69天再一次跑到校长面前的时候，校长终于为他的诚心所感动，同意全校学生投保。

这一次，他成功了。而且，这种坚持不懈的精神使他后来成了著名的保险推销员。

对于执行者而言，一旦接受了任务就意味着自己做出了承诺，无论遇到什么情况都不能轻易放弃，而且要以尽善尽美的态度保证不打折扣地完成任务。

就像参加马拉松赛跑，最初参加竞赛的人成百上千，但是跑出一段路程之后，参赛的人便渐渐少起来。原因是坚持不下去的人逐渐自我淘汰了，而且越到后面人越少，全程都跑完还能够冲刺的人更少，奖牌获得者实际上就是在这些坚持到最后的人当中产生。

马拉松赛跑与其说是赛速度，不如说是比耐力，就看谁能够坚持到最后。做任何事都和比赛一样，成功与失败往往只是一步或半步之差，起决定作用的是最后那一瞬间。所以，那些退出比赛的人永远不会获胜。

执行就是马拉松比赛，虽然只是跑步这一个动作，但简单的动作重复做，就会成功。

思考

你打算怎样把这些知识运用到实践中去？你觉得如何才能找到完善执行的工作方法？

你认为执行者应该怎样树立坚持不懈和专心致志的精神？

参考文献

[1] 华培.日事日清,[M].北京:人民邮电出版社,2011.

[2] 余世维.赢在执行,[M].北京:北京出版社,2009.